Introductio

W0294734

L'ordre cartésien

Un des préceptes essentiels de la logique cartésienne est de « conduire » ses pensées « par ordre ». Et chacun connaît l'ordre cartésien, qui se retrouve, semblable à soi dans le *Discours,* dans les *Méditations,* dans les *Principes* : je doute, je sais que je doute et par conséquent que je pense et suis, je sais que Dieu est, et qu'il ne peut être trompeur, je puis donc fonder une science du monde sur les idées claires, et tirer enfin de cette science les applications techniques qui me rendront maître de la Nature. « Toute la philosophie est comme un arbre, dit en ce sens la lettre-préface des *Principes,* dont les racines sont la métaphysique, le tronc est la physique, et les branches qui sortent de ce tronc sont toutes les autres sciences, qui se réduisent à trois principales, à savoir la médecine, la mécanique et la morale » (AT-IX-2e part.-14)[1]. Aussi la plupart des commentateurs, considérant que Descartes nous a livré, en de telles formules, le secret de son ordre, tiennent-ils le cartésianisme pour un système se déroulant selon une stricte logique : la métaphysique est le fondement dont dérive la physique et, de la physique, des applications sont à leur tour déductivement tirées.

Descartes, cependant, semble lui-même nous mettre en garde contre une telle façon de concevoir sa philosophie. Tout d'abord, l'ordre logique de ses pensées n'est pas aussi constant qu'on l'imagine : ainsi la méthode, qui, dans la lettre qui précède les *Méditations,* semble commander la

1. Le sigle AT renvoie aux *Œuvres de Descartes* publiées par Charles Adam et Paul Tannery, Paris, Léopold Cerf, 1897 à 1913 (11 vol. + 1 supplt.).

métaphysique, est présentée, dans la *Recherche de la Vérité*, comme lui faisant suite. Mais difficulté plus grave, Descartes éprouve sans cesse le besoin de nous entretenir de l'histoire de sa vie, et de rappeler que l'ordre qu'il a suivi en fait n'est pas celui qu'en droit il nous donne comme seul légitime. Pour ne point parler ici du *Discours de la Méthode*, tout entier construit sur un plan historique, où Descartes présente sa vie « comme en un tableau », et semble chercher la source de ses propres pensées dans la déception qu'il éprouva au sortir du collège et dans la multiplicité contradictoire des opinions reçues, les *Sixièmes Réponses* retracent une genèse du doute à partir de réflexions scientifiques. D'autre part, la lettre à l'abbé Picot, qui précède l'édition française des *Principes*, et contient la célèbre image de la philosophie considérée comme un arbre, déclare que celui qui veut devenir philosophe doit se constituer d'abord une morale provisoire, puis étudier la logique, puis s'exercer « longtemps à en pratiquer les règles touchant des questions faciles et simples, comme sont celles des mathématiques », pour ne passer qu'ensuite à la métaphysique. En la suite de cette lettre, exposant, cette fois, l'ordre de ses publications, Descartes semble oublier que le *Discours* contient une partie métaphysique ; il se contente de dire qu'il y mit « sommairement les principales règles de la logique et d'une morale imparfaite » ; il parle ensuite de la *Dioptrique*, des *Météores* et de la *Géométrie*, c'est-à-dire de ses travaux scientifiques, et ne mentionne sa métaphysique qu'à la date des *Méditations*. Tout ceci nous invite, pour le moins, à considérer qu'il n'a pas voulu, en sa fameuse image de l'arbre, donner l'ordre de dépendance logique des diverses parties de sa philosophie comme celui dans lequel il les a abordées, et même comme celui dans lequel on doit les aborder : jamais la découverte de fait, la constitution historique du système ne sont niées (comme ce sera, par exemple, le cas dans l'*Éthique* de Spinoza) au profit du système lui-même ; jamais elles ne disparaissent en lui : elles demeurent, sans cesse rappelées et reprises.

C'est donc Descartes, et non quelque préjugé psychologique, qui nous engage à examiner l'ordre historique dans lequel sont nées ses pensées. Il apparaît alors que Descartes constitua d'abord, du Monde, une science objective, puis, aux environs de 1630, opposa au plan de l'objet celui de l'Être créateur, aperçut ensuite, au moment des *Méditations,* le *cogito* comme principe et source de ce dépassement, en attendant de découvrir, dans les lettres à Mesland de 1645, que la pensée contient une liberté capable de se détourner de l'Être même. Dans le système, la métaphysique précède et fonde la physique. Mais elle lui succède dans le temps, et ne se constitue qu'en réaction contre elle ; elle découvre, par opposition à la finitude non ontologique des objets composant l'Univers de la science, l'Infini qui, à chaque instant, les fait être, et, par opposition à l'homme technicien soumis aux lois du monde sur lequel il agit, le Dieu créateur de ces lois elles-mêmes. Au reste, il nous paraît que, toute discussion sur la chronologie des textes cartésiens mise à part, les *Méditations* rappellent qu'il en est ainsi. N'oublions pas, en effet, qu'elles commencent par le doute, et que le doute suppose la croyance préalable en l'objectivité, qu'il dépasse et qu'il nie. Par là l'ordre des *Méditations,* bien qu'il semble ne rien retenir de l'antériorité chronologique de la science par rapport à la métaphysique, suppose en réalité cette antériorité. La métaphysique cartésienne est d'abord négatrice, la *Méditation première* met en question les essences mathématiques elle-mêmes, et la *Méditation seconde* découvre le *je pense,* c'est-à-dire l'homme, comme l'être de cette mise en question.

Mais, dès lors, il y a deux ordres cartésiens. Le premier est celui du Temps, le second est celui du Système, tel qu'il apparaît, par exemple, à la fin des *Secondes Réponses,* dans l'exposé géométrique dont la proposition première est : « L'existence de Dieu se connaît de la seule considération de sa nature. » On voit par là quelles difficultés rencontrent, dès l'abord, les historiens de Descartes. Cette difficulté est de méthode, et peut-être les conceptions si diverses que l'on s'est faites de la philosophie cartésienne viennent-elles avant tout du choix de la méthode adoptée. Certains auteurs, en effet, essaient de comprendre le système par sa cause finale. Ils ne voient dans le cartésianisme qu'un ensemble d'idées qu'ils jugent du point de vue de la seule valeur objective. Ils coordonnent des textes selon le critère de la cohérence. D'autres, au contraire, ne dédaignent pas d'expliquer la pensée de Descartes par son histoire. Pour eux, l'ordre véritable du cartésianisme n'est pas celui dans lequel s'enchaînent logiquement des idées, c'est l'ordre temporel dans lequel une pensée vivante s'est développée. Pourtant, il ne faudrait pas croire qu'il faille ici choisir, comme en d'autres cas il faut choisir entre la compréhension systématique et la recherche des causes qu'oppose avec tant de profondeur Bréhier. La compréhension se place au point de vue qui fut celui de l'auteur, n'est attentive qu'à la vérité qu'il révèle, aux raisons qui justifient ce qu'il affirme. L'explication tient au contraire la pensée philosophique pour un fait dont il faut rendre compte. « Compréhension et recherche des causes, écrit Bréhier, ne sont pas... situées sur la même ligne, elles ne répondent pas à la même direction d'esprit, aux mêmes besoins. » « L'historien de la philosophie croira sa tâche finie quand il aura compris un système, et il n'ira pas aux causes. » Inversement, « celui qui pratique l'enquête sur les causes des doctrines, c'est moins le philosophe que le psychologue, le sociologue, l'économiste » : ceux-ci traitent le système en objet. Aussi Bréhier, déclarant que « la recherche de la causalité... ne pourra s'exercer que sur ce qu'il y a d'accidentel non sur ce qu'il y a d'essentiel dans une philosophie » (*La philosophie et son passé ;* 49, 53 et 75), condamne-t-il à bon droit les tentatives de ceux qui prétendent expliquer les systèmes comme des faits, et cherchent leurs causes dans les événements de leur temps ou le tempérament de leur auteur. Ces prétendus historiens ne témoignent guère que de leur incompréhension de ce qu'est la philosophie. Ils négligent cette sorte de dimension verticale par laquelle l'homme entre en contact avec la vérité, oublient que le projet du philosophe est de se dégager de l'histoire, et de la juger au lieu de la subir ; ils ne peuvent donc parler d'un philosophe qu'en refusant, d'abord, de l'entendre. Mais ce n'est assurément pas refuser d'entendre Descartes, ni l'expliquer par une causalité externe et mécanique, que replacer son système dans la réalité concrète où il est né, puisque Descartes, pour nous livrer ses pensées, croit nécessaire de nous entretenir de leur histoire. Négliger celle-ci serait vouloir être plus cartésien que lui. C'est donc en replaçant l'ordre systématique vers lequel tend la pensée cartésienne dans l'ordre temporel où elle se développe que nous suivrons Descartes et serons fidèles à ses leçons.

Nous n'avons, en effet, plus le choix. Il nous est impossible, en ce qui concerne Descartes, d'opposer l'ordre philosophique et l'ordre historique comme un ordre de droit et un ordre de fait, de considérer qu'ils émanent de deux points de vue différents et inconciliables pris sur une même réalité. La leçon de Descartes est qu'on ne peut séparer la compréhension de sa philosophie de l'attention aux démarches par lesquelles il est devenu philosophe, et cela, nous semble-t-il, dans la mesure où la philosophie n'est pas une science, un recueil de vérités objectives, mais une démarche ontologique et vécue, un mouvement vers l'Être, un discours sur l'insuffisance de tout discours. La philosophie n'est pas, pour Descartes, un ensemble d'idées, elle est une pensée : son ordre véritable ne peut se confondre avec le système, il doit comprendre l'homme, le philosophe lui-même, qui, selon l'étymologie de son nom, aime la sagesse sans la posséder tout à fait, et ne peut donc la transmettre sous la forme d'un corps constitué de doctrine, mais seulement en demandant à chacun de méditer avec lui, de méditer longtemps, de méditer dans le temps, de revivre successivement les divers moments d'une histoire qui, à ce niveau, devient raison sans perdre cependant sa temporalité. On voit par là combien il est impossible d'insérer Descartes dans une de ces histoires des idées qui, à un lecteur descendant d'une autre planète, pourraient paraître concerner une espèce biologique particulière, celle des philosophes, espèce dont les représentants s'engendreraient les uns les autres. Descartes n'est pas fils de philosophe, ni de la philosophie : il découvre la philosophie par un mouvement propre, qui l'amène à rompre avec les habitudes de son entourage, les leçons de ses maîtres, les traditions de sa famille, son pays, le monde objectif lui-même. Et cette rupture, que reprend le doute, est l'être même de l'homme.

Où trouver cependant la conciliation, claire et équilibrée, des deux ordres cartésiens, c'est-à-dire la parfaite description de l'homme selon Descartes ? Le *Discours* se contente de mêler les deux ordres, en réintroduisant, en sa quatrième partie, le systématique au sein de l'historique. La fin des *Deuxièmes Réponses* les juxtapose également, en faisant précéder ses propositions mathématiques de prétendus postulats qui ne sont, en fait, que le rappel d'une préalable et nécessaire méditation temporelle. Aussi pensons-nous que le lien essentiel des deux ordres ne se découvre tout à fait que dans les *Méditations*, où l'histoire d'un esprit, telle que la présentait le *Discours*, est vraiment élevée à l'essence. Nous trouvons en effet, en ce texte, non plus l'histoire anecdotique et individuelle de la vie d'un homme, mais une histoire qui peut être reprise par chacun et, cependant, demeure histoire. Les *Méditations* conservent à la pensée son caractère temporel. Elles sont divisées en journées ; Descartes nous avertit que les lecteurs devront mettre quelques mois ou du moins quelques semaines à considérer les choses dont traite la *Méditation première*, quelques jours à s'efforcer de distinguer les choses corporelles des intellectuelles (AT-IX-103, 104). Seules les *Méditations* peuvent donc mettre en lumière le rapport intime des deux ordres, l'ordre d'apparition des réalités y étant l'inverse de l'ordre ontologique de ces réalités mêmes, et le plan de la connaissance se distinguant ainsi de celui de l'Être qu'elle connaît. On passe des objets au moi et du moi à Dieu, alors que Dieu est le créateur du moi et des choses. Le *cogito*, qui est premier dans l'ordre de la connaissance et doit, à ce titre, être toujours repris, révèle que Dieu est premier dans l'ordre de l'Être, et que la pensée s'y doit subordonner. Et ce double primat définit la situation et, si l'on peut dire, l'être de l'homme, d'abord perdu dans le monde, dans la nature, dans l'objet, mais capable de se ressaisir, de dépasser tout ce qui lui est offert, d'accéder à un autre principe, à partir duquel le monde même qu'il a quitté pourra être retrouvé et rationnellement reconstruit. C'est en ce sens que l'homme se dégage de l'ordre de son histoire pour atteindre celui de la vérité. Mais cette démarche même ne peut s'effectuer qu'au cours d'une histoire. Aussi Descartes ne consent-il pas à nous exposer sa philosophie dans la froideur systématique de ses concepts ; il nous la livre dans la chaleur temporelle d'une méditation.

L'originalité profonde de Descartes apparaîtra mieux si l'on compare l'ordre des *Méditations* à celui de l'*Éthique* de Spinoza, ou à celui de la *Phénoménologie* de Hegel. Pour Spinoza, l'absolu est au commencement, et apparaît dès le commencement : aussi l'homme ne se découvre-t-il que comme son mode et sa conséquence. Pour Hegel, l'absolu est « à la fin seulement ce qu'il est en vérité », et cela parce qu'il n'apparaît qu'à la fin. Pour Descartes, l'absolu apparaît à la fin, c'est-à-dire après la science, et après la réflexion qui découvre le *cogito* comme la source de la science elle-même. Mais il demeure au commencement, ce pourquoi le Dieu de Descartes peut rejoindre celui du Christianisme, à la fois créateur et retrouvé par l'homme au terme d'une ascèse. Il est d'abord, il est avant le monde et avant le moi qu'il a posés dans l'Être. Et c'est par là que le système vrai équilibre l'histoire. Mais Dieu ne peut être atteint qu'à partir du monde qui s'ouvre à nos yeux ou du moi qui contemple ce monde. C'est en ce sens que la vérité de l'homme équilibre le système. On voit pourquoi il n'y a pas un ordre, mais deux ordres cartésiens, et pourquoi ces deux ordres trouvent leur unité dans l'homme, dont l'être est perpétuel renvoi à autre chose, au monde qu'il doit dominer par sa technique et au Dieu qu'il doit reconnaître et adorer. Le mouvement de Dieu au monde par le chemin de la véracité divine, de la vérité des essences et de la connaissance scientifique, c'est le mouvement temporel de la prise du monde par une technique certaine. Le mouvement du monde mis en doute à la certitude du moi et à celle de Dieu, c'est le mouvement de retour à l'être, qui est toute la métaphysique. L'homme seul rend possible la coïncidence de ces deux mouvements contraires, qui définissent sa situation et font de son être celui d'une liberté.

Ce n'est donc pas pour être fidèle au titre des ouvrages qui composent la collection où nous présentons cette étude[1] que, dans les pages qui suivent, nous tentons d'expliquer « l'œuvre » de Descartes par l'ordre même de son apparition dans le temps, donc par l'histoire de « l'homme ».

La philosophie de Descartes se présente à la fois comme un ordre de raisons et comme un itinéraire spirituel. Négliger l'un de ces aspects serait mutiler Descartes, réduire les vérités irremplaçables qu'il nous enseigne soit à la cohérence sans intérêt d'un système parmi les systèmes, soit à la particularité anecdotique d'une psychologie. La leçon de Descartes est autre. Tout jeune, il avait promis à Balzac[2] une « histoire de son esprit » (AT-I-569) :

1. Dans les premières éditions, ce titre faisait en effet suivre le nom de l'auteur de la mention : « L'homme et l'œuvre ».
2. Il s'agit de J.-L. Guez de Balzac (1597-1654), ami et correspondant de Descartes.

dans le *Discours,* il écrit cette histoire ; dans les *Méditations,* il révèle qu'elle est l'histoire de l'Esprit lui-même, et donc que la découverte, temporelle et vécue, de la vérité est pour l'homme le dernier mot de la métaphysique.

1. Le collège. Les premiers écrits. Le rêve d'une science universelle et l'idée de méthode.

René Descartes naquit à la Haye, en Touraine, le 31 mars 1596. Il était le troisième enfant de Joachim Descartes, conseiller au Parlement de Rennes, et de Jeanne Brochard. De petite noblesse, Descartes se présenta souvent comme seigneur du Perron, gentilhomme du Poitou : c'est, en effet, du Poitou que ses parents étaient originaires : son grand-père maternel était lieutenant général du présidial de Poitiers, son grand-père paternel médecin à Châtellerault. Sa mère mourut un an après sa naissance. Son père se remaria en 1600 et, dès lors, vécut surtout en Bretagne. Descartes fut donc élevé par sa grand-mère maternelle. De ses premières années, nous savons peu de chose. En traitant des passions, il en rappelle plusieurs circonstances : ainsi, écrit-il à Chanut le 6 juin 1647, « lorsque j'étais enfant, j'aimais une fille de mon âge, qui était un peu louche[1] ; au moyen de quoi l'impression qui se faisait par la vue en mon cerveau, quand je regardais ses yeux égarés, se joignait tellement à celle qui s'y faisait aussi pour émouvoir en moi la passion de l'amour, que longtemps après, en voyant des personnes louches, je me sen-

1. C'est-à-dire qu'elle louchait.

tais plus enclin à les aimer qu'à en aimer d'autres, pour cela seul qu'elles avaient ce défaut ; et je ne savais pas néanmoins que ce fût pour cela. Au contraire, depuis que j'y ai fait réflexion, et que j'ai reconnu que c'était un défaut, je n'en ai plus été ému ». On voit que Descartes parle de son enfance en philosophe. Il y cherche la source de ses préjugés et de ses erreurs, plus qu'il ne s'attendrit à son sujet. Il s'explique, il ne se raconte pas. Ce qui l'intéresse en sa propre histoire, c'est l'histoire de son esprit, la distinction du vrai et du faux que cette histoire rend possible.

C'est pourquoi Descartes nous entretient plus volontiers de ses années d'étude : la première partie du *Discours de la Méthode* est consacrée à leur examen. C'est en 1606, à l'âge de dix ans, que Descartes fut admis au Collège royal de La Flèche, où enseignaient les jésuites. Il y reçut un traitement de faveur : il avait une chambre particulière, se levait à son heure, et prenait le loisir, au matin, de réfléchir longuement en son lit. Sans doute, autant que ses dons, sa fragile santé explique-t-elle ces libertés. « J'avais hérité de ma mère, écrit-il à Élisabeth en mai (ou juin) 1645, une toux sèche et une couleur pâle que j'ai gardée jusques à l'âge de plus de vingt ans, et qui faisait que tous les médecins qui m'ont vu avant ce temps-là me condamnaient à mourir jeune. » De toute façon, Descartes fut, à La Flèche, l'objet d'attentions particulières, et n'eut qu'à se louer de ses maîtres ; aussi ne condamne-t-il jamais leur talent, leur dévouement ou leurs méthodes. Ce qui, en revanche, le satisfait peu, c'est la philosophie qu'ils lui transmettent, car elle ne lui donne aucune « assurance » dans les fins à poursuivre. La morale, en effet, était alors enseignée de façon littéraire, à l'aide d'exemples tirés principalement de l'Antiquité, et sans souci de démonstration ; dans le *Discours*, Descartes compare « les écrits des anciens païens qui traitent des mœurs à des palais fort superbes et fort magnifiques qui n'étaient bâtis que sur du sable et de la boue ». Quant aux mathématiques, auxquelles il se plaisait surtout « à cause de la certitude et de l'évidence de leurs raisons », leur enseignement était essentiellement orienté vers les applications pratiques, arpentage, cartographie, architecture, etc. Descartes s'étonne donc qu'on n'ait « rien bâti dessus de plus relevé », c'est-à-dire qu'on n'ait pas essayé de fonder sur elles une science permettant à l'homme de se conduire en la vie, de résoudre les problèmes que pose, chaque jour, la difficile recherche du bonheur.

Cette opposition entre l'assurance des techniques objectives et l'incertitude de la connaissance des fins vitales est en réalité le trait le plus significatif de ce temps, où les découvertes de la science semblent ruiner une vision chrétienne et thomiste du monde, sans pour cela proposer à l'homme une autre morale ni un autre destin. L'enseignement que reçut Descartes fut un enseignement sans unité, parce que la culture du XVIIe siècle commençant était une culture sans unité. La science progresse dans la voie du mécanisme, et les jésuites ne sont pas insensibles à ses succès puisqu'en 1611 on célèbre à La Flèche les découvertes de Galilée. La philosophie scolaire, plus encore que thomiste, est suarézienne et, dès lors, oppose à la science, non une ontologie qui la fonde ou la complète, mais un essentialisme périmé. Un enseignement moral tiré des anciens, dont l'idéal était de sagesse, voisine avec les leçons d'un christianisme dont l'idéal est de sainteté. Et sans doute est-il difficile de croire que Descartes ait, dès le collège, pris clairement conscience de ces contradictions, et nourri le dessein, qui sera plus tard le sien, de découvrir le fondement d'une ontologie capable de remplacer l'ontologie thomiste, dont il voit l'unité perdue. Lorsque, dans le *Discours*, il passe en revue les disciplines où il s'appliqua, écrivant : « Je ne laissais pas toutefois d'estimer les exercices auxquels on s'occupe dans les écoles. Je savais que les langues qu'on y apprend sont nécessaires... j'estimais fort l'éloquence », etc., il reporte sans doute à son adolescence des jugements qu'il ne formula qu'en son âge mûr, et s'attribue la totale tiative des réflexions dont il est vraisemblable que p sieurs lui furent suggérées par ses maîtres eux-même ceux-ci étaient fort conscients des difficultés de leur tâc On retrouve ici l'un des traits de sa psychologie : il su porte mal l'idée d'avoir appris quelque chose d'autrui, s'emporte jusqu'à écrire à un ami, le 17 octobre 163 « Pouvais-je soupçonner que vous soyez assez stupic assez aveuglé sur vous-même, pour croire que j'aie jama reçu de vous quelque instruction, ... autrement que j' coutume d'en recevoir de tout ce qui est dans la nature des fourmis même et des vermisseaux ? » Il est donc vra semblable que, dans le *Discours*, Descartes reconstru l'ordre de ses pensées. Mais, historiquement contestabl la première partie du *Discours* n'en évoque pas moins merveille les origines de l'insatisfaction cartésienne, la raison de cette soif d'unité qui engagera Descartes rechercher le fondement d'une science totale, à la fo science des moyens et science des fins, et telle « qu'en ch que circonstance de la vie » l'entendement y puisse mo trer à la « volonté le parti à prendre » (Règle 1).

Descartes quitte le collège en 1614. En 1616, il pass à Poitiers, son baccalauréat et sa licence en droit. En 161 il s'engage aux Pays-Bas dans l'armée de Maurice de Na sau. Puis, au mois de novembre de cette même année, fait une rencontre qui exerce la plus grande influence su son évolution intellectuelle : celle de Beeckman. Tandi que, dans une rue de Bréda, il s'efforce de lire une aff che rédigée en hollandais, Beeckman s'approche et l'aid à traduire cette affiche : ainsi commence, sous le sign d'un effort de déchiffrement et de compréhension, un amitié, qui, dès l'abord, se montre intellectuelle. Plus âg que Descartes, Beeckman est très informé des progrè scientifiques du moment. Lui-même tient journal de se réflexions et des résultats de ses recherches. Il croit la matière divisée en petits corpuscules séparés par des vides, explique la lumière par le mouvement rapide de ces corpuscules et emploie l'expression, que nous retrouverons chez Descartes, de matière subtile. Certes, la physique de Beeckman n'est pas celle de Descartes (qui, en particulier, n'admet pas le vide). Mais elle est mécaniste, et c'est pour le mécanisme qu'aussitôt Descartes s'enthousiasme. Pendant deux mois, il voit presque tous les jours son nouvel ami, puis il échange avec lui lettres et propos ; le journal de Beeckman relate les idées de Descartes, sur divers problèmes de mathématiques, de physique, de logique (ainsi sur la mesure des angles, la chute des corps, l'art de Lulle), et parfois nous possédons les écrits correspondants, rédigés par Descartes à la fin de 1618, ainsi que quelques lettres à Beeckman et un petit *Traité de musique.*

Mais, en avril 1619, Descartes quitte la Hollande, gagne le Danemark, puis l'Allemagne où il s'engage dans les troupes du duc Maximilien de Bavière. En novembre il se trouve aux environs d'Ulm, et, le 10 de ce mois, dans le célèbre poêle (pièce chauffée par un poêle situé en son centre) il vit la fameuse nuit où « plein d'enthousiasme », après avoir découvert « les fondements d'une science admirable », il fait des rêves exaltants, et les croit prophétiques. Alors éclairé sur sa véritable vocation, il renonce, dès 1620, à la vie militaire pour entreprendre un voyage qui, par l'Allemagne du Nord et la Hollande, le ramène en France en 1622. Ainsi prend fin, pour laisser place à la recherche de la vérité, une période où Descartes connut la guerre et les armées, vécut mainte aventure, et contraignit, sous la menace de son épée, des marins qui avaient résolu de l'assassiner à le conduire à bon port. De cette époque, il gardera un sens très vif de l'action, et quelque style militaire : ne compare-t-il pas ses découvertes à des batailles gagnées ? Mais, en ces années mêmes, le désir de savoir et d'atteindre la certitude ne l'occupe pas moins. S'il rédige un *Traité de l'escrime* (dont le texte est perdu et la date discutable), c'est pour mettre au point une technique certaine de succès. Les écrits cartésiens qui se situent entre 1618 et 1621 sont déjà d'un homme de science et d'un méditatif.

Ces écrits (mémoires rédigés pour Beeckman, textes connus par Baillet ou par Leibniz, comme les *Préambules*, les *Observations*, les *Olympiques*, etc., v. AT, X, *Cogitationes privatae*) confirment que l'ambition première de Descartes fut de fonder une science universelle. Mais ils sont loin d'indiquer que, de cette science, Descartes ait à cette époque trouvé la méthode, ou même, comme il l'écrit, les fondements. Bien plutôt ils laissent apparaître plusieurs inspirations contraires. La première est d'ordre technique : Descartes veut produire, par machines, des effets étonnants, construire des automates, et même un appareil permettant à l'homme de se tenir en l'air. La seconde est naturaliste et magique. Descartes voit dans la Nature l'action d'une unique force, « qui est amour, charité, harmonie » ; il croit que la connaissance poétique est rendue plus pénétrante que la philosophique par l'enthousiasme qui la porte ; dans un *Abrégé de musique*, il fait appel à des notions, fort peu scientifiques, de sympathie entre les choses et admet, par exemple, qu'une peau de mouton tendue sur un tambour reste muette, quand, à côté d'elle, retentit un tambour en peau de loup. Mais l'inspiration systématique et mathématicienne se manifeste, elle aussi : Descartes condamne la mémoire et croit pouvoir s'en passer en s'élevant à la compréhension de l'enchaînement des causes. Il songe à résoudre tous les problèmes au moyen de lignes, et, sur ce point, la lettre à Beeckman du 26 mars 1619 annonce avec précision les *Règles pour la direction de l'esprit,* qui conseilleront de représenter toutes les grandeurs par des lignes, et de ramener à des opérations effectuées sur ces lignes les opérations de l'arithmétique (Règle 18).

Dans les années qui vont suivre, la tendance mathématicienne prévaudra : les qualités occultes des choses, d'abord prises en considération, seront rejetées comme illusoires, et le génie s'alignera sur la pure raison. Mais l'inspiration naturaliste et vitaliste des premiers textes ne disparaîtra pas pour autant. Elle se maintiendra dans la théorie des rapports de l'âme et du corps, dans la doctrine des passions, et en certaines conceptions médicales. Car, pour Descartes, l'union de l'âme et du corps se vit et ne peut se comprendre, les leçons de l'affectivité sont irréductibles à celles de l'entendement ; enfin, selon certains textes, tels l'*Entretien avec Burman,* le malade, en écoutant son désir, qui est la voix de la nature, sait ce qui lui convient bien mieux qu'un médecin, lequel ne considère le corps que du dehors. Et la confiance extraordinaire que, dès ses premières réflexions, Descartes semble avoir en son propre génie, se perpétuera dans l'idée qu'il est seul capable de mener à bien l'œuvre entreprise. Dès la nuit du 10 novembre, il croit ses rêves venus d'en haut. Il remercie le Ciel de favoriser une ambition scientifique qu'il dit lui-même être incroyable. Par la suite, malgré la soumission du génie à une raison qui, par essence, est égale chez tous, malgré la substitution, à l'imprévisible invention, de la rigueur d'une méthode universelle, Descartes n'aura confiance qu'en lui. De toute évidence, il y a quelque rapport entre cet état d'esprit et le fait que le premier principe sera pour lui non l'entendement en général, mais un *cogito* à la première personne.

En 1622, Descartes règle ses affaires de famille, et se trouve assez de fortune pour n'avoir pas à gagner sa vie. Il refuse donc de prendre charge, et recommence à voyager. De 1623 à 1625, il visite l'Italie, assiste à Venise aux épousailles du doge et de l'Adriatique, puis à Rome au jubilé d'Urbain VIII. Sans doute accomplit-il alors le pèlerinage à Lorette qu'en 1619 il avait promis. Mais il ne tient pas journal de son voyage, et nul écrit ne témoigne de cette époque de sa vie. De l'été de 1625 à l'automne de 1627, il demeure presque constamment à Paris. Il fréquente le monde, se bat en duel pour une femme, mais semble rechercher surtout la compagnie des savants. Il a des échanges de vues avec Morin, connaît Mydorge (qui, entre

1621 et 1629, publie les deux premiers volumes de son *Traité* inachevé *des Sections coniques*), Villebressieu, le Père Mersenne, qui s'occupe alors d'optique, de musique, de mécanique. Sans doute ces influences l'amènent-elles à choisir entre les conceptions un peu contradictoires qui, en 1619, se partageaient son esprit. L'enthousiasme magique fait place à la confiance dans la science pure, conçue comme de type mathématique. Au reste, Descartes continue en cette matière ses propres travaux, et c'est de cette époque qu'il faut dater les fragments 1, 2, 10, 11 et 12 de ses *Excerpta mathematica*, dont le fragment 10 est le fameux fragment sur les ovales. Il est pourtant difficile de déterminer la date à partir de laquelle Descartes considère que la science, universelle et une, dont il a rêvé, ne peut être constituée que par la méthode mathématique. Dans le *Studium bonae mentis* (ouvrage perdu, mais que nous connaissons par Baillet, et qui semble bien avoir été écrit en cette période), les sciences sont encore divisées en trois classes, selon la méthode qu'elles emploient : les sciences cardinales, qui se déduisent de principes connus de tous, les sciences expérimentales, qui ont recours à la constatation des faits, et les sciences libérales, qui font appel à l'esprit de finesse.

Mais la vie intellectuelle à laquelle Descartes participe alors n'est pas purement physicienne. Mersenne lui annonce son projet de faire servir la science à la défense de la théologie, l'oratorien Gibieuf l'informe de ses réflexions sur la liberté, et, durant l'automne 1627, après une conférence du « sieur de Chandoux » chez le nonce du pape, et une discussion à laquelle il prit part, le cardinal de Bérulle, fondateur et général de l'Oratoire, lui fait une obligation de conscience de se consacrer à la philosophie. Or, l'influence qu'eut sur Descartes la spiritualité oratorienne vint confirmer et renforcer celle des savants : le grand souci de l'Oratoire est alors de combattre le naturalisme de la Renaissance, qui voyait en l'Univers le jeu de forces occultes. Une physique mécaniste, étalant l'objet dans l'espace et réduisant tout phénomène aux lois du mouvement, devait, selon l'Oratoire, permettre de se délivrer de ce paganisme latent, et de reconnaître que seuls l'homme et Dieu possèdent conscience et volonté. Ainsi les conversations les plus diverses incitent Descartes à ne se fier, pour comprendre la nature, qu'aux évidences d'une science mécanique et mathématicienne.

Descartes, cependant, ne pouvait travailler et réfléchir que dans la solitude. Bientôt, lassé de Paris, il se retire à la campagne pour trouver le loisir. Il passe en Bretagne l'hiver de 1627-1628. Au reste, son séjour en France touche à sa fin. Descartes songe à aller s'établir en Hollande, et nous savons par Beeckman qu'en octobre 1628 il fait un bref séjour en ce pays, sans doute pour y chercher un lieu de résidence. Puis, il revient encore à Paris. De cette époque datent les *Règles pour la direction de l'esprit (Regulae ad directionem ingenii)*. Ce traité, inachevé, ne sera publié qu'en 1701 ; mais, retrouvé, à la mort de Descartes, dans les papiers de Stockholm, il est bientôt connu de Leibniz, de Nicole, d'Arnauld, et utilisé dans la seconde édition de la *Logique* de Port-Royal. Les *Regulae* comprennent un exposé général de la méthode cartésienne, et des considérations très précises sur l'algèbre et l'analyse : il convient donc, à leur propos, de poser le problème du rapport des mathématiques et de la méthode. On sait que Descartes affirme souvent que sa méthode est universelle, qu'elle s'applique à toutes les questions, y compris celles de métaphysique. Mais d'autre part, dans les *Règles pour la direction de l'esprit,* le lien de la méthode cartésienne avec une science particulière, la science mathématique, paraît extrêmement étroit, et l'on peut se demander si la méthode n'est pas une simple généralisation des mathématiques elles-mêmes. Doit-on croire que la méthode soit vraiment première, et que les mathématiques n'en constituent qu'une application parmi d'autres possibles ? Ou, au contraire, qu'issue des mathématiques elle se contente d'étendre avec plus ou moins de bonheur à tous les problèmes certains procédés mathématiques ? Et, si l'on choisit cette seconde hypothèse, faut-il estimer que Descartes ait, jusqu'à la fin de ses jours, cru qu'il avait réussi cette généralisation, ou reconnu son échec et abandonné son premier rêve ? Doit-on, par exemple, considérer avec certains que la preuve ontologique de l'existence de Dieu, telle qu'elle sera formulée en 1641, soit de structure mathématique, ou qu'elle demeure essentiellement différente d'une démarche géométrique ?

L'étude que nous avons esquissée des textes antérieurs à 1628 fournit déjà, à ces questions, une réponse : l'idée de science universelle a préexisté à toute formulation précise de la méthode de cette science. Certes, en 1619, Descartes déclare bien qu'il a trouvé les fondements de la science nouvelle : mais, précisément, on ne peut dater de 1619 aucune découverte exacte : on ne peut considérer qu'à cette date Descartes soit en possession d'une technique mathématique vraiment originale, et les nombreuses considérations non scientifiques que lui suggère son enthousiasme viennent alors troubler son inspiration. En 1628 il en est autrement : l'idée d'un ordre unique et analogue à l'ordre mathématique domine les *Regulae*. Quel que soit donc le problème qui s'offre à nous (question de physique, explication de machines ou d'automates, ou simples devinettes, car les problèmes les plus divers sont évoqués dans les *Regulae*), il faudra procéder de même, et chercher une quantité inconnue à partir de quantités connues avec lesquelles elle a des rapports déterminés. Nous examinerons d'abord l'énoncé du problème pour « dénombrer » ses différentes données, pour séparer les connues des inconnues. Nous désignerons chaque quantité par un caractère invariable. Nous mettrons les termes en ordre, en nous efforçant de découvrir la raison de leur série. Nous les disposerons enfin de telle sorte que, connaissant le premier terme de la série (où Descartes voit le terme le plus simple) et la raison de la série, nous puissions reconstituer la série tout entière : c'est le cas pour la série d'une progression arithmétique ou géométrique dont certains termes nous manqueraient : ils pourraient être aisément découverts, grâce à la raison de la série (ou rapport constant d'un terme avec celui qui le suit), à partir des termes donnés.

Peut-on cependant parler, à propos des *Regulae*, d'un ordre unique et strictement mathématique ? En vérité, la méthode conseillée par Descartes est souvent plus souple, et il ne faut pas perdre de vue que l'inachèvement des *Regulae* témoigne de l'impossibilité où se trouva leur auteur de résoudre par les mêmes procédés tous les problèmes. Il serait donc plus juste de dire que Descartes espère découvrir, dans tous les phénomènes qui font question pour l'esprit, sinon tout à fait le même ordre, du moins un ordre analogue. Et ce que nous avons dit de l'évolution de sa pensée avant 1628 explique qu'il en soit ainsi. Ce que les *Regulae* veulent étendre à toutes les sciences, c'est moins la méthode des mathématiques que leur certitude. Descartes fut toujours dominé par la peur d'être trompé. « Je ne saurais, écrira-t-il dans les *Méditations*, ... trop accorder à ma défiance. » « Par cette règle, lit-on dans les *Regulae* (II), nous rejetons toutes les connaissances qui ne sont que probables, et nous décidons qu'il ne faut donner son assentiment qu'à celles qui sont parfaitement connues et dont on ne peut douter. » Or, Descartes ne rencontre de certitude qu'en mathématiques. Son désir d'atteindre partout la certitude le conduit donc à tenir pour universelle une méthode qui, en fait, est de style mathématique, et n'a jamais été appliquée de façon stricte que dans le domaine de la quantité. Et tel est le sens de la première partie du *Discours*. Étonné que les mathématiques, si admirablement certaines, ne s'étendent qu'aux arts mécaniques, Descartes estime qu'elles n'ont pas encore trouvé « leur vrai usage ». Il s'efforce de généraliser leur méthode, de la rendre indépendante du caractère, déplorablement limité, de leur objet. Il veut étendre à tous les domaines de la science ce qui, en mathématiques, a si bien réussi. Mais on peut se demander alors ce qui, à ses yeux, légitime une telle extension.

Dans l'enthousiasme de la nuit du 10 novembre 1619, ce fut peut-être Dieu, dont il se crut inspiré. Ce sera Dieu encore, en 1641, dans la doctrine de la véracité divine. Mais en 1628 ? Qu'est-ce qui, alors, justifie la réduction de tous les problèmes à des problèmes de type mathématique ? A vrai dire, une telle réduction peut être légitimée par deux ordres de considérations. On peut, tout d'abord, croire à l'unité de méthode parce qu'on croit à l'unité de la Nature, dont il s'agit de faire la science. En ce cas l'unité est dans les choses, et c'est parce que l'objet à connaître est un que la méthode doit être une. Ainsi, dans son ouvrage sur *les Systèmes du Monde, de Ptolémée et de Copernic* (paru en 1632), Galilée s'attachera à établir que le monde tout entier est fait d'une même et unique matière, et l'on sait que Descartes le suivra sur ce point. Mais, en 1628, Descartes ne pose pas le problème de l'unité réelle de la Nature. Il admet que la science peut être une, même si ses objets sont multiples. La « mathématique universelle » n'est donc pas subordonnée à une ontologie moniste et, par exemple, à la réduction de la matière à la seule quantité homogène. La Règle 1 est formelle à ce sujet : l'unité des sciences a sa condition suffisante dans la seule unité de l'esprit connaissant. Alors en effet que des techniques et des arts divers ne peuvent être cultivés en même temps, puisqu'ils mettent en jeu des habitudes corporelles qui se révèlent incompatibles (les mêmes mains, note Descartes, ne peuvent pas se faire à la culture des champs et au jeu de la cithare), « toutes les sciences ne sont rien d'autre que la sagesse humaine, qui demeure toujours une et toujours la même, si différents que soient les objets auxquels elle s'applique, et qui ne reçoit pas plus de changement de ces objets que la lumière du soleil de la variété des choses qu'elle éclaire ». Alors donc que Galilée fonde l'unité de la méthode mécaniste sur l'unité de nature de la matière elle-même, qu'il critique la distinction aristotélicienne entre un monde céleste inaltérable et un monde sublunaire imparfait et corruptible, Descartes fait d'abord reposer l'unité de sa méthode sur l'identité de l'esprit humain, qui, étant toujours le même, doit toujours raisonner de même façon.

En cela, il ne s'oppose pas moins que Galilée à la philosophie de l'École, qui estimait qu'à la diversité des choses doit répondre la diversité des procédés de connaissance. Mais il se place, d'emblée, à un point de vue nouveau : au lieu de partir des choses connues, il considère l'esprit connaissant. On comprend, dès lors, que les philosophes de Marbourg aient pu voir dans les *Regulae* un pressentiment du kantisme : le primat du *cogito* est appelé, et comme rendu nécessaire, par la façon dont le problème se trouve posé. Il importe pourtant d'insister sur le fait que, dans les *Regulae,* le *cogito* n'est en rien formulé, que l'acte réflexif sur lequel l'esprit prendra, chez Descartes, conscience de lui-même, n'est pas accompli, et donc que nulle « révolution copernicienne » n'est opérée. C'est pourquoi il n'y a, dans les *Regulae,* aucune métaphysique. Certains ont cru découvrir une première forme du « je pense » et du « je suis » des *Méditations* dans l'affirmation de la Règle 3 : « Chacun peut voir par intuition qu'il existe, qu'il pense, que le triangle est limité par trois lignes, la sphère par une surface unique. » Mais, précisément, la métaphysique cartésienne ne consistera pas à dire « je pense » ou « je suis », banalités que l'on peut énoncer sans faire de philosophie. Elle sera la découverte que ces affirmations conditionnent toutes les autres, et constituent ainsi des vérités-fondements. Les juxtaposant, dans les *Regulae,* à des affirmations relatives au triangle ou au cercle, Descartes les prive au contraire de toute valeur particulière ; il n'indique en rien que le sujet connaissant soit plus certain de soi qu'il n'est certain de ce qu'il connaît, ni que la connaissance de soi constitue la condition de toute autre connaissance. Je sais que je suis, comme je sais que la sphère est limitée par une surface continue ; toutes les vérités sont de même plan, aucune d'entre elles ne mérite le titre de vérité-fondement. Ou, si l'on préfère, ce qui alors est fondement, ce n'est pas la métaphysique, mais la méthode.

Si l'on voulait pourtant trouver dans les *Regulae* les premiers signes de la métaphysique de Descartes, c'est dans la Règle 8 qu'il les faudrait chercher. Cette règle nous apprend en effet que « rien ne peut être connu avant l'entendement, puisque la connaissance de toutes les autres choses en dépend, et non l'inverse ». Mais cette vérité même est présentée comme un exemple de ce que l'on peut découvrir par la méthode, appliquée au « problème d'examiner toutes les vérités pour la connaissance desquelles la raison humaine suffit ». La Règle 3 traite des limites de notre connaissance, et fonde ces limites sur celles de notre intelligence. On dira sans doute que la position correcte d'un tel problème devrait entraîner la mise en question de la validité de notre esprit. Il n'en est que plus curieux que cette mise en question, objet des *Méditations*, ne soit pas opérée dans les *Regulae*. Aussi faut-il, en étudiant un auteur, distinguer avec soin l'implicite de l'explicite, et ne pas confondre les conditions d'une découverte avec cette découverte même : d'où vient la nécessité de considérer les textes en leur ordre chronologique. Certes, il n'est pas douteux que, dans la période qui précède 1628, Descartes ne s'achemine vers sa métaphysique. Affirmation de l'identité de nature de toute connaissance, des limites du savoir humain, de la possibilité d'une certitude totale à l'intérieur de ces limites, tout cela, à n'en pas douter, appelle et rend nécessaire le *cogito*. Mais le *cogito* n'en est pas moins absent. Descartes peut donc déclarer que sa méthode « ressemble » à ces arts mécaniques, qui n'ont besoin d'aucun secours étranger, et qui enseignent eux-mêmes comment il faut fabriquer les instruments qu'ils exigent » (Règle 8). Il peut avouer qu'il a seulement, jusque-là, « cultivé la mathématique universelle » (Règle 4). Dans le *Discours*, il dira de même, en parlant de la période que nous venons d'examiner : « Ces neuf années s'écoulèrent avant que je n'eusse commencé à chercher les fondements d'aucune philosophie plus certaine que la vulgaire. »

Les sources premières de la confiance qu'a Descartes en l'esprit ne sont donc pas philosophiques : elles sont spontanées, naturelles, et, de ce fait, non exemptes de préjugé. Descartes constate que les mathématiques réussissent. En croyant à leur certitude, il se contente de suivre la tradition, et l'assentiment général. Il ne s'étonne pas que nous puissions être certains de quelque chose et ne se préoccupe pas de l'essence de la vérité. Ce qui le surprend, c'est que la certitude des mathématiques n'ait pas été étendue à d'autres domaines. Il veut trouver des règles universelles, s'appliquant à autre chose qu'aux « vains problèmes auxquels les calculateurs et les géomètres ont coutume de s'amuser dans leurs loisirs » (Règle 4). Ces règles, il les tire pourtant des mathématiques, et croit pouvoir en étendre la validité parce que l'esprit, qui construit toute science, est un, et semble dès lors pouvoir retrouver, dans tous les domaines qui lui sont accessibles, des certitudes analogues. La confiance dans les progrès d'une science mécanicienne, alors en plein essor, progrès que célébraient déjà ses maîtres de La Flèche, progrès qui séduisent et ravissent tous ses amis et sur lesquels l'Oratoire lui-même fonde de si grands espoirs, vient encore appuyer ce projet. C'est ainsi que Descartes est conduit à formuler les règles d'une « mathématique universelle ». Cette science ne se borne pas aux mathématiques ordinaires : elle contient « les premiers rudiments de la raison humaine », et n'a qu'à se développer « pour faire sortir des vérités de quelque sujet que ce soit ». Descartes estime que les anciens ont dû posséder quelques éléments d'un tel savoir ; mais, pense-t-il, ils les ont cachés par malice : présentant des résultats sans le moyen de les obtenir, n'étaient-ils pas assurés de provoquer l'admiration de la foule ? (Règle 4).

Née dans l'enthousiasme et liée à quelque prévention, plus que fondée par philosophie, la méthode des *Regulae* contient bien des obscurités. « J'entends par méthode, dit la Règle 4, des règles certaines et faciles, permettant à celui qui les observera exactement de ne prendre jamais rien de faux pour vrai, et de parvenir, sans aucun inutile effort de son esprit, mais en augmentant toujours sa connaissance par degrés, à la connaissance vraie de tout ce qu'il sera capable de savoir. » Il est clair qu'une telle définition implique l'existence d'un ordre universel et unique ; elle suppose, comme le dit la Règle 1, que toutes les sciences sont « liées ensemble » et forment un tout ; c'est seulement dans ce cas en effet qu'en commençant par les choses faciles, et en ne nous occupant jamais d'aucun objet dont nous ne puissions « avoir une certitude égale à celle des démonstrations de l'arithmétique et de la géométrie » (Règle 2), nous serons néanmoins assurés de résoudre tous les problèmes humainement solubles. Mais qu'en serait-il de la méthode si, précisément, l'ordre du monde n'était pas unique, et si, par exemple, la réalité biologique était d'un autre « ordre » que la réalité purement physique ? Ne faudrait-il pas alors, même si l'esprit humain, comme le pense Descartes, est un, que ses méthodes, comme le voulait le Moyen Age, se diversifient ? Descartes semble parfois le pressentir, et c'est pourquoi son ordre n'a pas toujours la rigueur promise. Il faut, dit-il par exemple, ramener « graduellement les propositions compliquées et obscures aux plus simples », et essayer ensuite, en « partant de l'intuition des plus simples, de nous élever par les mêmes degrés à la connaissance de toutes les autres » (Règle 5). Le mouvement qui va du complexe au simple, puis du simple au complexe, semble ici défini de façon fort claire. Mais, en réalité, la règle qui prescrit d'aller du simple au complexe prend des significations diverses. Tantôt il s'agit de reconstruire un tout à partir de ses éléments, tantôt d'étendre la solution de questions aisées à des problèmes plus difficiles par une méthode purement analogique, ce qui, on l'accordera, est très différent. Ainsi Descartes, voulant montrer que la lumière se propage d'une manière instantanée, prend l'exemple d'un bâton : si l'on en meut un bout, l'autre bout se meut aussitôt. Et, de même, l'exemple du poids qui, dans une balance, abaisse un plateau et élève l'autre doit nous faire comprendre qu'une même cause puisse produire à la fois deux effets contraires (Règle 9). Or, en ceci, le passage du simple au complexe n'a rien de rationnel : il est seulement le passage de ce que nous avons l'habitude de constater à ce qui est, pour nous, inhabituel ; du familier (le bâton) au non familier (la propagation de la lumière). Ce n'est pas ici la raison qui est en jeu : c'est la coutume, et, on peut le craindre, ce que Descartes nomme ailleurs la prévention.

Deux opérations définissent la connaissance vraie. L'une présente chaque terme, qu'il s'agisse d'une figure, d'un nombre, ou de ma propre existence : c'est l'intuition, *intuitus mentis*. L'autre permet de passer d'un terme à l'autre en s'appuyant sur leur rapport : c'est l'inférence, appelée tantôt *inductio*, tantôt *deductio*, sans que soit nettement distingué le sens de ces termes. Ce qui demeure certain, c'est que l'inférence cartésienne est de type mathématique, et diffère tout à fait du syllogisme, qui opère en faisant rentrer les uns dans les autres des concepts d'extension et de compréhension diverses. La relation qui, chez Descartes, fonde le raisonnement, n'est pas l'inhérence. Elle est, le plus souvent, un rapport entre quantités, lequel permet précisément de fixer la place de ces quantités dans l'ordre. Et c'est pourquoi intuition, déduction et ordre sont des notions inséparables. Sans l'intuition, l'ordre ne serait rien et demeurerait sans matière. Sans l'ordre, les intuitions se présenteraient au hasard, comme des expériences fragmentaires, et leur ensemble ne constituerait pas un savoir. Aussi la méthode se propose-t-elle à la fois de découvrir le simple, objet de l'intuition, et de le disposer selon l'ordre, par lequel nous pourrons nous élever, comme par degrés, et d'une manière rationnelle, jusqu'à la connaissance du complexe. Remplacer le complexe offert, et offert sans raison, en une sorte d'expérience confuse et spontanée, par un complexe ordonné et rationnellement reconstruit, c'est bien là, en effet, constituer la science.

Mais la science ne sera science vraie que si elle est science du réel. Or, l'examen des textes de Descartes consacrés à l'intuition et au raisonnement nous contraint à avouer que les critères de vérité invoqués dans les *Regulae* sont toujours relatifs au seul sujet de connaissance. Qu'est-ce qui, en effet, est simple, et tombe, à ce titre, sous l'intuition ? Descartes tient pour simples des idées aussi différentes que l'idée de Dieu, l'idée de l'âme, l'idée du mouvement, l'idée de l'étendue, l'idée du cercle. Or, selon Descartes lui-même, l'idée de Dieu nous dépasse de toutes parts, et la raison formelle de Dieu est son incompréhensibilité. Et le cercle peut fort bien être compris à partir de réalités plus élémentaires que lui, par exemple à partir d'un segment de droite tournant autour d'une de ses extrémités. On voit combien l'analyse cartésienne diffère de celle de Leibniz. La simplicité, pour Descartes, n'est pas celle d'un élément : elle n'est pas dans la chose, mais dans l'acte de l'esprit qui la saisit. L'idée de Dieu est une nature simple, en ce que l'acte mental par lequel je saisis Dieu ne peut être ramené à aucun autre. Et, de même, il y a une saisie propre, et irréductible, du cercle comme cercle. Mais, dès lors, comment Descartes peut-il être assuré que la simplicité soit toujours la marque de la vérité ? Si le simple était l'élément objectif, il serait aisé de comprendre que le simple soit toujours vrai : il serait, en ce cas, le réel même, offert, sans composition, à l'esprit. Mais si le simple n'est défini qu'au niveau de l'acte de l'esprit qui le saisit, rien ne prouve qu'il soit critère de vérité. Et cette difficulté est d'autant plus embarrassante que l'esprit invoqué n'est pas toujours le pur entendement, mais parfois l'imagination, ou même l'intuition sensible. Certes, si je veux penser Dieu, je dois me séparer des sens ; mais l'imagination intervient nécessairement dans la représentation d'une figure géométrique. Dès lors, l'évidence revêt, selon les cas, des caractères fort différents. Ambiguë, elle se différencie mal d'une certitude subjective. Sans doute est-elle toujours définie par la passivité, mais cette passivité même, n'étant référée à aucune extériorité dont l'existence ait été établie, fait problème : on peut chercher à bon droit ce par rapport à quoi l'esprit est passif, ce que, vraiment, il constate. Et sans doute tout serait-il clair si Descartes professait alors l'idéalisme, comme le voudraient certains. Mais Descartes, tout en déclarant qu'il ne traite des choses « qu'autant qu'elles sont perçues par l'entendement », maintient qu'elles existent réellement, parle de « natures simples matérielles », admet que « le sens externe est mis en mouvement par l'objet », se demande si les qualités passent « en entier et sans aucun changement des choses extérieures aux sens » (Règle 12). Il est donc clair que sa perspective est réaliste. Bien plus, malgré ses déclarations initiales, fondant l'unité de la science sur celle de l'esprit, Descartes définit souvent la certitude par l'évidence de l'objet, dont l'esprit n'a qu'à constater la présence tout entière offerte. Et pourtant, refusant la position ontologique du problème, il glisse sans cesse, quand il s'agit de définir la vérité ou l'erreur, d'une analyse faite sur le plan de la chose à une analyse faite sur le plan de l'esprit. Ainsi, estimant que l'erreur vient toujours de la composition (il ne peut en être autrement si le simple est toujours vrai), Descartes passe de l'idée selon laquelle l'esprit qui se trompe mêlerait ensemble des natures simples incompatibles, à l'idée selon laquelle l'esprit confond des actes intellectuels différents. Suivant la Règle 12, celui qui croit à tort à la fable qu'il entend raconter se trompe, parce qu'il joint à la compréhension du récit l'opinion que son contenu est une histoire réelle. Et le malade atteint de jaunisse se trompe, parce qu'à la perception qui lui fait apercevoir tout en jaune il ajoute un autre acte mental, par lequel il affirme voir ainsi l'Univers « non par suite d'un défaut de son œil, mais parce que les objets sont effectivement jaunes ». Ainsi la marque de l'erreur (la composition) étant d'abord empruntée à une conception objectiviste de la connaissance, c'est finalement au niveau de la seule opération intellectuelle que l'erreur est définie, sans que, pour autant, une métaphysique idéaliste, faisant de l'esprit humain la source unique du savoir et de la vérité, soit acceptée par Descartes.

Les mêmes difficultés se retrouvent en ce qui concerne le raisonnement. Il faut trouver un type de raisonnement, et donc de composition, qui, précisément, ne comporte pas d'erreur. Et, selon Descartes, il n'est pas de telle composition en dehors de la déduction elle-même. Faut-il donc croire que la valeur de ce raisonnement dérive de ce qu'il retrouve un ordre objectif et, si l'on peut dire, naturel ? Descartes reconnaît au contraire le caractère artificiel de son ordre. « Chaque chose, dit la Règle 12, doit être considérée d'une autre façon selon que l'on se réfère à l'ordre de notre connaissance ou que l'on parle d'elle selon l'existence réelle. » Cette idée sera reprise par la troisième règle du *Discours,* nous prescrivant de supposer « même de l'ordre » entre les objets « qui ne se précèdent point naturellement les uns les autres », et dans la lettre à Mersenne du 24 décembre 1640 où Descartes déclare qu'il suit non pas « l'ordre des matières, mais seulement celui des raisons », ce qui est pour lui « le vrai chemin pour bien trouver et expliquer la vérité ». Ces affirmations sont assurément difficiles à comprendre dans une philosophie qui estime que la vérité ne fait qu'un avec l'être. Car Descartes n'a jamais explicitement admis que la connaissance soit la mesure de la vérité, et que la science puisse constituer un type d'objectivité définissable indépendamment de l'être. Quand il déclare que, de la connaissance à l'Être, la conséquence est bonne, il ne dissout pas, pour autant, l'Être dans la connaissance ; il n'est ni sceptique, ni kantien, ni idéaliste. Comment, dès lors, pensant que la vérité se définit par l'être, et admettant que l'ordre de la connaissance n'est pas celui de la chose, peut-il affirmer que l'ordre de la connaissance soit nécessairement un ordre vrai ?

A ce problème, les *Regulae* ne contiennent pas de réponse, et c'est pourquoi la méthode appellera plus tard une métaphysique, fondant elle-même une connaissance subjectivement définie. En 1628, sans formuler ou même concevoir une telle métaphysique, Descartes nous présente sa méthode de façon autonome : il nous conseille d'écarter tout ce qui empêche l'évidence de nous apparaître ou de nous persuader ; il veut éliminer préjugés et habitudes, isoler l'intuition, c'est-à-dire l'acte simple de l'esprit, puis opérer des déductions, faites elles-mêmes d'intuitions portant sur les rapports qui unissent les idées, déductions tendant à un mouvement « ininterrompu » de l'esprit parcourant des « chaînes de raisons ». La solution du problème métaphysique de la valeur de l'intuition, de l'objectivité de l'ordre, est ici remplacée par la seule confiance de Descartes en la raison, par son espoir dans le mécanisme, par la généralisation de ses réussites. En 1628, Descartes est encore un pur savant. Son assurance est technicienne ; objectivité et subjectivité sont confondues au sein d'une physique qui n'est en réalité, comme toute science, que le perfectionnement de notre prise spontanée du donné. Et la « direction de l'esprit » est orientée tout entière vers le monde des choses, que, selon son premier enthousiasme, Descartes se croit capable de comprendre et de dominer.

2. L'œuvre scientifique

La France ne lui offrant pas la tranquillité qu'il recherchait, Descartes prit, en 1628, le parti d'aller s'établir en Hollande. Il s'installa d'abord à Franeker, où, en 1629, il se fit inscrire à l'Université. C'est là qu'il ébaucha un petit traité de métaphysique, sur le contenu duquel on a fait bien des hypothèses. Nous ne croyons pas, avec certains, que ce traité contînt la doctrine métaphysique que révéleront les *Méditations.* En 1629 le souci dominant demeure scientifique. Le journal de Beeckman nous l'apprend : Descartes rédige à cette époque divers écrits mathématiques sur l'algèbre, l'hyperbole, l'ellipse, la parabole. Il étudie l'optique, qu'il appelle « la science des miracles » et s'efforce en vain de faire venir à Franeker Ferrier, seul capable, à son avis, de construire les appareils dont il a besoin. Les lettres à Mersenne nous indiquent que Descartes travaille alors à sa *Dioptrique* et à ses *Météores,* ouvrage dont l'occasion première fut sans doute l'observation, faite à Rome en mars 1629, des parhélies, ou faux soleils. Mais bientôt Descartes élargit son dessein. Le 13 novembre 1629, il écrit à Mersenne qu'il a résolu d'expliquer « tous les phénomènes de la Nature, c'est-à-dire toute la physique ». Un tel projet va dominer sa vie, de 1629 à 1637. Vie studieuse, et pourtant agitée, si l'on en juge par les déplacements incessants de Descartes, dont Baillet peut déclarer qu'il « ne chercha à se loger qu'avec la résolution de changer souvent de demeure ». De fait, dès 1629, nous le retrouvons à Amsterdam, puis, en 1630, à Leyde. Après un retour à Amsterdam, il s'installe à Deventer (1632). En 1633, il est encore à Amsterdam, mais, en 1635, il se trouve à Utrecht. Il revient à Leyde avant de s'établir, en 1637, à Santport, et nous le verrons encore, par la suite, changer souvent de résidence. Encore ne pouvons-nous suivre tous ses déplacements, car, « lorsqu'il écrivait à ses amis... il datait ordinairement ses lettres non pas du lieu où il demeurait, mais de quelques villes comme Amsterdam, Leyde, où il était assuré qu'on ne le trouverait pas ». Et « lorsqu'il commençait à être trop connu en un endroit et qu'il se voyait visité trop fréquemment par des personnes qui lui étaient inutiles, il ne tardait pas de déloger pour rompre ces habitudes et se retirer en un autre lieu où il ne fût pas connu ». Baillet, qui rapporte ces traits et ajoute plaisamment que l'ermitage de Descartes « n'eut presque rien de plus stable que le séjour des Israélites dans l'Arabie déserte », nous apprend aussi que Descartes évitait « le cœur des grandes villes et affectait loger au bout de leurs faubourgs. Il leur préférait toujours les villages et les maisons détachées au milieu de la campagne, autant qu'il en pouvait trouver de commodes, et qui fussent assez voisines des villes pour en tirer sa subsistance plus facilement ». Ainsi, désireux de se consacrer à l'étude, Descartes fuit avant tout les importuns. Il n'est pas, cependant, privé de contacts scientifiques. A Amsterdam, il connaît Reneri et Hortensius et les retrouve à Leyde. Il se lie avec le médecin Plempius, avec Schooten, avec Golius, qui lui proposera le problème de Pappus, occasion pour découvrir la géométrie analytique. Il connaît encore Constantin Huygens, de Wilhem, Æmilius, Godefroy de Haestrecht, Hooft.

Il entretient une assez abondante correspondance, surtout avec Mersenne, qui lui sert d'agent de liaison avec tous les savants de l'époque : « J'avais cet avantage, écrira-t-il, le 11 juin 1649, à Carcavi, pendant la vie du bon Père Mersenne, que, bien que je ne m'enquisse jamais d'aucune chose, je ne laissais pas d'être averti soigneusement de tout ce qui se passait entre les doctes : en sorte que, s'il me faisait quelquefois des questions, il m'en payait fort libéralement les réponses, en me donnant avis de toutes les expériences que lui ou d'autres avaient faites, de toutes les rares inventions qu'on avait trouvées ou cherchées, de tous les livres nouveaux qui étaient en quelque estime, et enfin de toutes les controverses qui étaient entre les savants. »

Isolé et renseigné à la fois, Descartes peut donc, de 1628 à 1637, se consacrer à son œuvre scientifique. Convaincu que la vérité nous est livrée par l'intuition, et qu'il s'agit avant tout d'écarter ce qui obscurcit cette dernière, il s'attache d'abord à découvrir des méthodes simplifiant la technique en libérant l'esprit. Ainsi, il met au point sa méthode des coordonnées et s'applique à réformer, en mathématiques, le système des notations. Il songe d'abord à une notation géométrique, qui aurait pu lui ouvrir la voie du calcul infinitésimal, mais se contente de simplifier les signes cossiques, alors en usage : signes complexes, en général tirés des alphabets grec et hébreu, et par lesquels l'esprit du mathématicien se trouvait embarrassé. Descartes, qui travaillait à cette question depuis le début de ses recherches, ne se sert bientôt plus que des lettres de l'alphabet latin et des signes des quatre opérations arithmétiques. Il désigne d'abord les quantités connues par les lettres minuscules, les quantités inconnues par les lettres majuscules : en 1637, les majuscules seront remplacées par les dernières lettres de l'alphabet latin : x, y et z, et le signe de la racine carrée ou cubique apparaîtra. De même, il invente une méthode pour abaisser le degré des équations.

Mais sa grande découverte est alors la géométrie analytique, mise au point en 1631, à propos du problème de Pappus. La géométrie analytique est, à n'en pas douter, un des fruits de la préoccupation majeure de Descartes. Aspirant à trouver une science universelle capable de traiter des quantités en général, sans s'occuper de leur spécification, sans se demander s'il s'agit de figures ou de nombres, il croit pouvoir étendre la méthode algébrique à toutes les sciences de la quantité. Mais il ne faudrait pas croire qu'il ait songé à réduire l'espace imaginé à une réalité proprement intellectuelle ou spirituelle, dont la connaissance ne ferait plus appel à aucune intuition de type sensible. Il veut seulement trouver une correspondance commode entre l'équation et la courbe géométrique. Au reste, le mot algèbre ne désignait pas alors une branche indépendante des mathématiques, mais un procédé de l'arithmétique du temps, consistant à établir, d'après les données d'un problème, une équation à laquelle satisfasse la quantité inconnue. Cette méthode ressemblait à ce que, dans la géométrie grecque, on nommait analyse, et qui consistait à construire une ligne inconnue à partir de relations géométriques connues. Aussi, loin d'accorder à sa découverte toute l'importance que nous y attachons aujourd'hui, Descartes y voit-il une simple présentation algébrique de la géométrie des anciens. Sa *Géométrie* de 1637 ne sera donc pas un traité systématique de géométrie analytique. Elle n'exposera le principe de la méthode qu'en une phrase fort courte, et l'examen ne portera guère que sur des problèmes spécifiés. Et le célèbre texte du *Discours* relatif aux proportions mathématiques déclarera seulement : « Je pensai que, pour les considérer mieux en particulier, je les devais supposer en des lignes, à cause que je ne trouvais rien de plus simple ni que je pusse plus distinctement représenter à mon imagination et à mes sens ; mais que, pour les retenir et les comprendre plusieurs ensemble, il fallait que je les expliquasse par quelques chiffres [signes ou procédés de notation] les plus courts qu'il serait possible ; et que, par ce moyen, j'emprunterais tout le meilleur de l'analyse géométrique et de l'algèbre, et corrigerais tous les défauts de l'une par l'autre. »

En tout ceci, il est clair que, selon l'inspiration technicienne des *Regulae,* Descartes est moins soucieux d'une rationalisation intégrale que d'une simplification permettant à la pensée d'opérer plus commodément. L'esprit de la *Dioptrique* (à laquelle nous savons qu'il travaille à cette époque) est semblable. Descartes y expose sa fameuse loi de la réfraction, essentielle à l'optique. Mais la démonstration qu'il en donne est étrange, et la présentation purement analogique : Descartes compare les déviations que subissent les rayons lumineux selon les corps rencontrés à celles du mouvement d'une balle heurtant divers obstacles, dans lesquels elle pénètre ou sur lesquels elle rebondit. Et, réservant toujours le problème du rapport de la connaissance et de la réalité, il déclare ne pas prétendre « dire au vrai » quelle est la nature de la lumière. Dans les *Fragments* scientifiques de la même période relatifs au levier, à la balance, à la chute des corps, à la distance des planètes au soleil (voir AT-IV-684 à 701), la même inspiration se retrouve. Descartes construit la science sans s'interroger sur ses fondements, et déclare du reste qu'il n'oserait affirmer « que les principes qu'il emploie soient les principes véritables de la nature » ; mais, ajoute-t-il, ils me satisfont lorsque je les prends pour principes de mes recherches (voir AT-IV-689-691).

Descartes, cependant, ne pouvait demeurer au stade de cette indistinction confuse du sujet et de l'objet, dont, en 1628, il semblait encore se contenter. En vérité, pour étendre à la Nature tout entière la méthode qu'il avait définie, il devait concevoir cette Nature comme une vaste mécanique, et détruire les barrières et séparations grâce auxquelles certains domaines semblaient conserver une spécificité ontologique. Dès 1632, il entreprend donc de rédiger un vaste traité de physique générale, qu'il appelle parfois *Le Monde*, et plus précisément *Traité de la lumière*, car ce traité devait étudier : « La Nature de la lumière ; le Soleil et les Étoiles fixes, d'où elle procède ; les Cieux, qui la transmettent ; les Planètes, les Comètes et la Terre qui la font réfléchir ; tous les corps qui sont sur la terre, lesquels sont ou colorés ou transparents ou lumineux ; enfin l'Homme qui en est le spectateur. » Voulant ici traiter mathématiquement tous les problèmes physiques, il bannit les notions médiévales de forme, d'âme, de vie, d'acte, de puissance, de qualités sensibles, tout ce qui, par conséquent, dans la science aristotélicienne, définissait le domaine physique comme spécifique et le rendait irréductible au domaine mathématique. Il n'est en effet que trop clair que le chaud, le froid, l'amer ou le doux ne sauraient être déduits mathématiquement ou mis en équations. Descartes réduit donc l'essence du Monde à celle d'un espace homogène, offert à une science proprement géométrique, et, de toutes les espèces de mouvements que distinguait Aristote, il ne retient que le mouvement spatial, défini par le pur et simple changement de lieu. Désormais ce mouvement, mathématiquement exprimable, permettra seul de distinguer des parties dans le bloc primitif homogène que constitue la matière. Aussi Descartes pourra-t-il écrire, le 27 juillet 1638, à Mersenne, qu'il a quitté la géométrie abstraite pour cultiver « une autre sorte de géométrie, qui se propose pour questions l'explication des phénomènes de la nature ». « Car, ajoute-t-il, s'il lui plaît (Descartes parle ici de Desargues) de considérer ce que j'ai écrit du sel, de la neige, de l'arc-en-ciel, etc., il connaîtra bien que toute ma physique n'est autre chose que géométrie. »

Que devient pourtant, en ceci, le domaine de la vie ? Descartes ne le néglige point : c'est même, sans doute, pour se livrer plus aisément à des dissections qu'à Amsterdam il renonce à son goût pour les maisons éloignées, et habite quelque temps, au centre de la ville, la Kalverstraat, dans le quartier des bouchers. Les *Partes similares et excrementa et morbi,* ainsi que quelques fragments de la *Generatio animalium,* sont de 1631, et le *Traité de l'Homme* (qui, sans doute, faisait partie du Traité général du *Monde*) est rédigé en 1633. Or Descartes s'élève, en biologie comme en physique, contre l'idée qu'il pourrait y avoir dans la Nature des domaines spécifiques, présentant une qualité d'être irréductible. Les fonctions végétatives, motrices et sensitives, attribuées par la scolastique à l'âme dans l'explication de la vie, disparaissent de la biologie cartésienne, comme de la physique avait disparu la qualité. Ainsi sont abattues, après celles qui séparaient la physique des mathématiques, les barrières qui séparaient la biologie de la physique, et le corps vivant n'apparaît plus lui-même que comme une machine, étalée dans l'espace, et dont toutes les parties n'agissent les unes sur les autres que par leurs mouvements. Nous ne devrons pas oublier, lorsque, dans les *Méditations*, Descartes s'efforcera de bannir de l'âme tout ce qui est corps, qu'il a d'abord, en biologie, banni du corps tout ce qui est âme. Forces cachées et pouvoirs occultes, chers au Moyen Age et à la Renaissance, sont niés. La distinction scolastique entre les êtres naturels, qui possèdent en eux le principe de leur mouvement, et les êtres artificiels, fabriqués par l'homme et tenant par conséquent leur mouvement du dehors, est rejetée. Expliquer est seulement, pour Descartes, étaler dans l'espace, c'est-à-dire permettre de voir. Les êtres vivants sont des machines dont les ressorts sont si complexes et si petits que, dès l'abord, nous ne les apercevons pas. Mais, si nous pouvions les agrandir et découvrir en eux ces ressorts minuscules, tout serait compris. Ici est fortement niée l'idée, qui sera chère à Leibniz, selon laquelle l'intelligence de l'espace suppose que l'on s'élève à quelque chose qui est d'un autre ordre que l'espace, et qui pourrait être découvert par l'approfondissement de ce que l'espace lui-même nous révèle. Ce que Descartes recherche, ce n'est pas une raison de la série extérieure à la série elle-même (comme, cependant, son idée mathématique d'une équation de la courbe contenant tous ses points en demeurant d'un autre ordre aurait pu l'y inciter). Il estime au contraire qu'une vision plus aiguë que la nôtre, mais du même type qu'elle, suffirait à résoudre tous les problèmes que la biologie peut nous poser. Aussi dissèque-t-il sans cesse, et demande-t-il à l'anatomie de lui livrer tous les secrets de la physiologie. Pour comprendre, il veut voir. L'intuition cartésienne demeure donc vision, et une unité profonde est maintenue entre les actes d'apercevoir par les yeux, d'imaginer et de comprendre. Le schéma des *Regulae* se prolonge et s'applique : l'objet, spatialement et techniquement défini, offert comme tel à la vision de l'esprit, devient le modèle unique sur lequel est conçue la Nature.

Au reste, une telle conception du Monde n'a pas seulement pour fin de rendre possible cette science, totale et une, dont, depuis 1619, rêve Descartes. Elle satisfait aussi son besoin de certitude. Elle calme cette peur d'être trompé qui demeurera toujours un des traits fondamentaux de son caractère. Dans les *Méditations*, Descartes ne parlera-t-il pas des sens comme de trompeurs effectifs ? Ne forgera-t-il pas, pour résister à toute tromperie et exaspérer sa défiance, l'hypothèse du malin génie ? Or, il nous raconte lui-même comment il fut trompé par des automates, et rien n'est plus instructif que l'analyse qu'il nous laisse de la démarche par laquelle on se doit délivrer de telles illusions. L'automate nous abuse en nous donnant d'abord l'impression de contenir un être véritable, d'avoir une liberté, une intériorité, une spontanéité, une finalité propres. « Aux jardins de nos rois », on trouve ainsi des grottes où les visiteurs, approchant « d'une Diane qui se baigne... la feront cacher dans les roseaux ; et s'ils passent plus outre pour la poursuivre, ils feront venir vers eux un Neptune qui les menacera de son trident » (AT-XI-131). Mais que l'on se représente, dans l'espace, comment les diverses parties de ces faux êtres agissent les unes sur les autres, et tout devient clair : l'esprit ne ressent plus d'étonnement. Descartes veut donc étendre à l'explication de la vie un processus semblable. Il n'y a, dans le vivant, rien de plus que dans l'automate. Certes, la machine vivante est plus complexe, ses ressorts sont plus petits et plus subtils, car il s'agit ici d'un automate construit par Dieu, avec une habileté et une finesse auxquelles nul artisan humain ne saurait prétendre. Mais la nature du vivant est analogue à celle des machines, et la biologie, devenant homogène à la physique, peut atteindre sa certitude. Ce qui nous empêche de le croire, ce qui nous rend, malgré nous, aristotéliciens ou occultistes, c'est l'étonnement que, dans notre enfance, nous avons tous éprouvé devant la vie. Aussi Descartes, souhaitant pour l'esprit humain des conditions idéales d'initiation à la vérité, rêve-t-il d'un homme « qui aurait été nourri toute sa vie en quelque lieu où il n'aurait jamais vu aucuns autres animaux que des hommes et où, s'étant fort adonné à l'étude des mécaniques, il aurait fabriqué ou aidé à fabriquer plusieurs automates, dont les uns avaient la figure d'un homme, les autres d'un cheval, les autres d'un chien, les autres d'un oiseau, etc. » (AT-II-39). Cet homme, assurément, ne serait pas trompé par l'apparence d'être qu'ont les animaux, mais jugerait sur-le-champ « que ce seraient des automates qui, étant composés par la nature, seraient incomparablement plus accomplis qu'aucun de ceux qu'il aurait faits lui-même auparavant ».

Peut-on dire, cependant, que par de telles voies Descartes s'achemine vers la science que sa jeunesse avait désirée, science totale, et nous livrant les fins vitales en même temps que les moyens de les atteindre ? Il est clair que, tout au contraire, il s'en écarte, et ne réussit à fonder un savoir universel et certain qu'en dépouillant la Nature de tout être propre. De là résultent une tension, et un effort dirigé contre notre saisie spontanée et enfantine des choses, qui font de l'attitude cartésienne une sorte d'héroïsme antinaturaliste, conforme à la fois aux exigences d'une science technicienne et aux souhaits de l'Oratoire, mais directement opposé à une vision confiante ou poétique du réel. La conception cartésienne n'est pas sans tragique : mais ce tragique est, par excellence, antiromantique. Il est celui d'un siècle où le sens du merveilleux ne pourra se développer qu'en dehors des voies de la vérité, où le sentiment de la Nature se verra méconnu, où seules les passions et la gloire de l'homme seront tenues pour objets de poésie. Si l'on met à part Spinoza, dont les naturalistes du XVIIIe et du XIXe siècle retrouveront plus tard le panthéisme, les philosophes du XVIIe siècle ne tiennent pas la Nature pour un Être ; les physiciens y voient un résultat du mécanisme ; les poètes, tout au plus, un décor charmant. Et l'Être n'est découvert que dans la conscience et la volonté, c'est-à-dire en l'homme et en Dieu.

Une telle conception résulte avant tout de l'état d'esprit technicien, que favorise alors le développement des sciences. Il s'agit de dominer la Nature, non de l'aimer ; de lui imposer les fins de l'homme, et non de lui reconnaître des fins propres. L'objet n'est donc plus considéré comme une réalité inépuisable dont l'approfondissement finirait par laisser apparaître Dieu lui-même : c'est une matière maniable, à laquelle s'applique notre action. Mais nous croyons que le projet technicien rejoint, chez Descartes, une difficulté personnelle à trouver l'être dans les choses, à se sentir spontanément et naturellement adapté au réel. Dès 1631, les lettres à Balzac révèlent quelque inaptitude à distinguer le sommeil de la veille, et manifestent la solitude de Descartes, son sens de l'absence et de la séparation, son manque de contact avec autrui : « Je vais me promener tous les jours parmi la confusion d'un grand peuple, avec autant de liberté et de repos que vous sauriez faire dans vos allées, et je n'y considère pas autrement les hommes que j'y vois que je ferais les arbres qui se rencontrent en vos forêts ou les animaux qui y paissent. Le bruit même de leur tracas n'interrompt pas plus mes rêveries que ferait celui de quelque ruisseau. » Descartes parle même de la « fable » de son monde, et, se faisant peindre par Weenix, il choisit comme devise, figurant sur le livre qu'il tient ouvert : « *Mundus est fabula* » : le Monde est une fable.

Il est clair cependant qu'on ne saurait priver le monde d'être sans découvrir ailleurs cet être dont l'évidence est première en tout esprit. Ainsi, une fois encore, le mécanisme cartésien appelle une métaphysique. Il demande à être fondé en vérité (le problème du fondement de l'ordre n'a toujours pas été résolu). Il demande à être situé en réalité, et selon l'Être. Dès 1630, Descartes formule donc une théorie par laquelle il semble inaugurer sa métaphysique propre : la théorie de la création des vérités éternelles. Exposée pour la première fois dans les lettres à Mersenne de 1630, cette théorie sera reprise dans les *Réponses aux Objections*, puis dans la correspondance de 1648 et 1649 : elle exprime une opinion à laquelle Descartes n'a jamais renoncé. Mais elle ne figure dans aucun des exposés systématiques qu'il nous a laissés de sa pensée. Selon nous, cette absence s'explique par l'importance même de la doctrine : la théorie de la création des vérités éternelles n'est pas un maillon de la chaîne des raisons métaphysiques parce qu'elle est, en un sens, toute la métaphysique ; elle est ce dont la métaphysique n'est que l'explicitation. Elle affirme, en effet, la séparation fondamentale du plan de l'Être et du plan de l'objet, et donne au monde de la science le statut qui permettra au doute de le suspendre, au *cogito* de l'assumer à titre d'idée, à la véracité divine de lui rendre la vérité qui lui est propre.

Certes, à cette époque et selon la tradition de l'École, chacun admet que Dieu est la raison de toute chose et de toute vérité. Mais, selon saint Thomas, c'est d'une tout autre façon que Dieu est la raison de l'essence et de l'existence des choses. L'essence divine comprend en elle l'essence de tous les êtres particuliers. On pourrait songer ici à l'idée néo-platonicienne selon laquelle, dans l'Un, les essences ne sont pas distinguées, la diversité des essences indiquant une chute hors de l'unité complète, une sorte de dégradation de cette unité. Mais, pour expliquer la multiplicité des essences, saint Thomas ne se réfère pas, comme Plotin, à une procession continue, mais précisément à la diversité des choses que Dieu a créées. La création divine ne porte que sur des existences, les essences se distinguent relativement aux choses créées dont elles sont les essences ; en leur unité, elles rejoignent Dieu. Et c'est pourquoi Suarez, dont la doctrine fut, au collège, enseignée à Descartes, peut, sans porter atteinte à l'infinité et à l'autonomie de Dieu, déclarer que les vérités éternelles ne sont pas vraies parce qu'elles sont connues de Dieu, mais qu'elles sont connues de Dieu parce qu'elles sont vraies. Soumises à la volonté divine, les essences n'auraient aucune véritable nécessité. Or elles sont nécessaires et éternelles. Elles font donc partie de la vérité de Dieu qui, en les contemplant, ne fait que se contempler lui-même.

Descartes prend exactement le contre-pied de cette doctrine. Il déclare que les vérités éternelles ont été librement créées. Pour lui, la création divine porte également, et de la même façon, sur les existences et sur les essences. Celles-ci ne se rejoignent plus en Dieu, elles ne sont pas Dieu, elles sont le fruit d'un acte et d'un choix divins. Dieu a créé les vérités éternelles, c'est-à-dire les évidences logiques, les vérités mathématiques, les lois physiques, les essences des choses. Descartes assimile tous ces termes et déclare à Mersenne, le 27 mai 1630, que l'essence des créatures « n'est autre chose que ces vérités éternelles ». Ainsi la vérité selon laquelle « toutes les lignes tirées du centre à la circonférence sont égales » exprime l'essence du cercle. On peut donc toujours transformer une essence en affirmation et une affirmation en essence. Mais cela vient de ce que le jugement vrai se borne à reconnaître une essence, à se soumettre à l'intuition, à ne la dépasser en rien. Encore savons-nous maintenant d'où naît en lui cette passivité, mise en lumière dès les *Regulae*, et pourquoi la vérité lui est liée. Toute vérité essentielle étant créée par Dieu, l'esprit humain la constate, et c'est, en fin de compte, de l'acte divin que l'esprit humain reçoit sa passion. De lui-même il n'engendre rien et n'est la source d'aucune nécessité. Si Dieu l'avait voulu, les vérités seraient autres. En Dieu, au contraire, rien ne peut être passif, rien ne peut ressembler à l'entendement humain, qui constate ce qui, du dehors, lui est imposé. Il ne faut donc pas croire que Dieu ait voulu que la somme des angles d'un triangle soit égale à deux droits « parce qu'il a connu que cela ne se pouvait faire autrement » ; mais c'est parce qu'il l'a voulu que cela est vrai.

On peut apercevoir aisément, par l'examen de cette théorie, combien les préoccupations religieuses se relient, chez Descartes, aux préoccupations scientifiques, et comment elles concourent à l'élaboration d'une métaphysique originale. Le ton des lettres à Mersenne, où est exposée la théorie de la création des vérités éternelles, montre bien qu'il s'agit de mettre Dieu à sa véritable place, d'éviter qu'on ne parle de lui « comme d'un Jupiter ou d'un Saturne » assujetti « au Styx et aux destinées ». Dieu n'a rien de commun avec ce qui est créé ; ni avec la Nature, qui se réduit à l'espace homogène ; ni avec l'homme, dont l'entendement n'est que passivité. Sa grandeur incompréhensible doit être reconnue, admirée, adorée. Mais, d'un autre côté, et dans la mesure même où elle augmente la gloire de Dieu, la théorie cartésienne, distinguant Dieu de sa création, libère la physique de la théologie, et la rend indépendante de tout dogme, de toute tradition. Bien plus : la théorie de la création des vérités éternelles fonde la théorie cartésienne de l'intuition comme connaissance à la fois limitée et absolument vraie. Si, comme le veulent néo-platoniciens et thomistes, la vérité de toutes les essences n'était en dernière analyse que la vérité de Dieu, nous ne pourrions connaître totalement une chose qu'en les connaissant toutes, et qu'en connaissant l'Être dans lequel toutes les essences se rejoignent. Il en est autrement si toute vérité est créée et posée par Dieu hors de soi. Sans doute l'essence devient-elle alors ontologiquement plus pauvre, puisqu'elle ne participe plus à la vérité divine. Mais elle se suffit en son plan, qui est celui des créatures, et, semblable à nous, qui sommes aussi créés, elle peut être totalement connue de nous. Ainsi s'unissent, chez Descartes, les thèmes théologiques et ceux que l'on pourrait appeler de libre pensée. L'affirmation de la création des vérités par Dieu livre les vérités à notre raison. Il n'y aura plus lieu d'approfondir chacune d'elles jusqu'à Dieu, ni, comme le fera Leibniz, d'en rechercher le fondement par une analyse infinie. L'idée claire et distincte s'offre tout entière à notre intuition. Elle n'a pas de fond ontologique. Elle peut être comprise sans appel au système total des vérités. Et le Dieu créateur des vérités éternelles préfigure, chez Descartes, le Dieu véridique qui, en 1641, garantira définitivement la vérité de notre savoir et émancipera notre raison.

La théorie de la création des vérités éternelles apporte à la conception cartésienne de l'intuition son indispensable complément. Non qu'elle soit construite par calcul, en vue d'une fin réfléchie. Bien plutôt, elle naît d'une expérience métaphysique fondamentale, et explicite les conditions mêmes de cette saisie à la fois mathématique et technicienne du réel, qui fut la terre natale de la doctrine cartésienne de la connaissance. Car l'objet d'intuition y apparaît indissolublement comme nécessaire et comme non réel, comme s'imposant à notre passivité et comme ne contenant pas en lui-même sa raison d'être : il possède, si l'on peut unir ces mots, une sorte de nécessité contingente et non ontologique. C'est le cas pour la notion mathématique. Elle n'est pas une chose, au sens où un arbre ou une table sont des choses. Elle n'est pas non plus cause de soi. Et pourtant elle contraint notre esprit. Je ne puis, d'un triangle ou d'un cercle, affirmer n'importe quoi. Je dois leur attribuer les propriétés qui se déduisent de leur essence. Et, de même, l'objet techniquement manié ne m'apparaît pas, à proprement parler, comme un être se suffisant, puisque, précisément, je le transforme selon mes désirs. Mais il m'oblige, puisqu'il est le support de ces lois universelles auxquelles je dois me soumettre si je veux réussir en mes entreprises. Selon le mot célèbre, on ne commande à la Nature qu'en obéissant à ses lois. Ainsi l'esprit, en se pliant aux lois des choses, aperçoit cependant qu'elles pourraient être autres. Il les dépasse donc, il est concient de leur contingence, et de leur caractère subordonné. Mais leur contrainte de fait n'en est pas moins réelle, et lui signifie quelque être. Se refusant, dès lors, à chercher la raison du donné par une analyse infinie de son contenu, Descartes accepte la finitude des objets du monde, mais superpose au monde un infini créateur dont la totale liberté explique les caractères contradictoires de notre connaissance intuitive. Et, fidèle à l'inspiration d'une mystique ignatienne de l'obéissance, il se délivre par cette démarche de tout espoir de fusion avec Dieu, ou de participation à ses desseins. Dieu et l'homme sont situés de part et d'autre du monde des objets créés. Dieu est l'activité pure, l'entendement de l'homme est soumission et passion. Mais il est passion consciente de soi, passion située et comprise dans la mesure où il découvre précisément que le monde des objets n'est pas le seul monde, et qu'il tient sa raison de ce qui est hors de lui, de cet être « conçu et non compris » qui est Dieu.

Et sans doute tout cela ne deviendra-t-il pleinement explicite que dans la métaphysique définitive. Nous verrons alors le mouvement de dépassement du fini vers l'infini prendre successivement la forme du doute, du *je pense,* et des preuves de l'existence de Dieu. Dès 1630, cependant, le réel semble aux yeux de Descartes divisé en deux domaines : celui de ce qui est compréhensible, de ce dont l'esprit peut faire le tour, de ce qui est objet de science ; celui du fondement de ce qui est compréhensible, à savoir celui de Dieu, dont la raison formelle est l'incompréhensibilité. Et, en 1632, cette séparation est précisée par une autre affirmation cartésienne, qui apparaît dans *Le Monde,* et sera reprise dans le *Discours de la Méthode* : celle de la création continuée. Selon Descartes, tout corps, tout esprit, empruntent à chaque instant leur être de Dieu, l'action par laquelle Dieu conserve le monde étant, selon la formule du *Discours,* « toute la même que celle par laquelle il l'a créé ». Car le temps cartésien est radicalement discontinu : les *Secondes Réponses* estiment même que cette discontinuité est connue par un « axiome », ou une « notion commune ». Pour comprendre Descartes, il faut ici renoncer à penser selon l'habitude, et ne se fier qu'à la raison ; ainsi se révélera, du reste, l'unité de la théorie de la création des vérités éternelles et de la théorie de la création continuée : toutes deux reposent sur une expérience profonde, et métaphysique, de la contingence du fini. Certes, selon l'habitude, qui en général nous tient lieu de raison, nous ne nous étonnons qu'en voyant un objet commencer ou cesser d'être. Mais qu'il continue à être ne pose pour nous aucun problème. Aussi reportons-nous le mystère du monde à sa seule origine : une fois créé, ne peut-il se maintenir par soi ? Pourtant, à penser par raison, je devrais bien plutôt m'étonner de voir persévérer dans l'être une réalité qui ne contient pas sa raison d'être, et dont je ne sais pas pourquoi elle est. Descartes comprend cela, et sans doute son analyse rejoint-elle alors ce sens angoissé de sa propre contingence, cette idée, toujours présente, d'une mort qui « peut venir à tous moments ». Car, remarque-t-il, « nous ne saurions faire aucune action qui ne soit capable de la causer ; si nous mangeons un morceau de pain, il sera peut-être empoisonné ; si nous passons par une rue, quelque tuile peut-être tombera d'un toit qui nous écrasera... » (AT-V-557-558). De façon générale, tout être fini est sans cesse menacé, et le fait qu'il existe à tel instant ne peut impliquer, ou expliquer, qu'il existera encore l'instant suivant. La durée de l'Univers est donc faite de la répétition d'instants créateurs et ne repose, comme les vérités éternelles, que sur la constance de la volonté de Dieu. Abstraction faite de cette constance, le temps ne peut apparaître que comme indéfiniment divisible. Il est fait d'une suite d'instants, dont chacun est une sorte de néant de durée. Il n'a aucune force, aucune réalité propre. Il ne recèle en lui aucun principe de continuité.

Superficiellement considérée, la théorie de la création continuée pourrait sembler thomiste ; saint Thomas n'a-t-il pas déclaré que c'est par la même opération que Dieu produit les choses et les conserve dans l'être ? Si, en effet, l'acte créateur cessait, le monde, qui n'a pas en lui-même sa raison d'être, retomberait dans le néant. Mais, selon saint Thomas, Dieu ne conserve pas ainsi toute créature dans l'être « immédiatement ». Il y a subordination des créatures entre elles. Ainsi, Dieu est la cause de l'être de la forme substantielle, mais ce sont les causes naturelles ou même les causes artificielles qui produisent le devenir, au sein d'une durée qui est elle-même continue et réelle. Saint Thomas maintient de la sorte en la Nature une certaine densité, une certaine profondeur. Au contraire, nous l'avons dit, la vision cartésienne est radicalement antinaturaliste.

Réduite à l'espace homogène, située dans un temps discontinu, la Nature qui, Descartes le rappelle sans cesse, « n'est pas une déesse », n'a plus ni pouvoir propre, ni profondeur ontologique, ni efficacité : ici s'annonce la théorie de Malebranche sur les causes occasionnelles, et, par une singulière conséquence, la conception humienne de la causalité. Pour Descartes, chaque état du monde se trouve directement et immédiatement suspendu à Dieu et à Dieu seul, sans rien devoir à l'instant précédent. Contrairement à ce que fera Leibniz, qui voudra réintroduire dans la physique dynamisme et continuité, Descartes ne définit donc pas l'instant comme une quantité évanouissante de durée ; il en fait un néant. Et, une fois encore, les sources de sa conception sont indissolublement théologiques et physiciennes. Il s'agit, d'une part, de réserver à Dieu toute activité, toute liberté, et en ce sens Malebranche remarquera que la croyance aux causes médiates revient à attribuer quelque efficacité créatrice aux créatures, donc à oublier que Dieu seul est créateur. Mais, d'autre part, c'est pour rendre le monde connaissable et techniquement transformable que Descartes le prive de toute autonomie, de toute continuité interne. Le mouvement cartésien se réduit au fait que chaque corps est successivement créé par Dieu en des lieux différents : cette conception, comme le remarquera Bergson, est cinématographique. Mais c'est ainsi que le mouvement peut être mathématiquement et intégralement connu : il n'y a, derrière lui, aucune virtualité propre à chaque corps, aucune force proprement physique qui serait sa raison et sa réalité. A chaque instant, des relations géométriques définissent la situation des corps les uns par rapport aux autres. A chaque instant, Dieu crée un Univers où les distances réciproques de chaque corps sont différentes. Si je puis déduire la position d'un corps de sa position et de sa vitesse aux instants précédents, c'est seulement parce que la volonté de Dieu est constante, et éternelles les lois qu'elle a établies. Ce monde instantané et sans mystère est donc toujours géométriquement définissable, offert tout entier à notre intuition, et notre mathématique épuise son être.

En vérité, saint Thomas superposait une théorie créationniste, d'origine chrétienne, à une théorie aristotélicienne selon laquelle la Nature se suffit et contient en elle son principe interne de développement. Descartes affirme avec une autre rigueur la contingence du fini, du Monde, et du moi, soumis lui-même, comme le remarquera la *Méditation troisième*, à la création continuée. Comme tous les antinaturalistes, et contrairement à ce que feront Spinoza ou Hegel, il sépare et oppose tout à fait l'action et le mouvement. Notre commune vision du Monde voit en effet dans le mouvement le signe de l'action, sinon l'action elle-même. Pour Descartes, le mouvement est plutôt le signe de l'absence d'action véritable. Il est nature, et par là sans réalité. L'acte au contraire est volonté, et ne peut donc se découvrir qu'en l'homme ou en Dieu. C'est pourquoi, dans la métaphysique, le *je pense* et Dieu se révéleront seuls comme étant véritablement des êtres ; et c'est pourquoi, par l'action technique, l'homme pourra devenir le sujet d'une transformation du Monde utilisant ce mouvement objectif et connaissable dont la cause première est Dieu. Ainsi se révèle, une fois encore, l'union étroite, chez Descartes, de la saisie technique du réel, de la méthode, de la métaphysique et de la morale. Leurs thèmes divers traduisent une même attitude, commentent la séparation d'un monde mécanique, privé de vie, et d'un être spirituel, créateur des vérités et des choses. Situé entre ces deux ordres, créé comme le monde, spirituel comme Dieu, l'homme doit apprendre à diriger par raison sa tendance à l'admiration. Il ne faut pas, Descartes le répète, admirer la Nature, ni s'étonner en elle de mouvements qui, selon l'Être, ne sont rien. Il faut admirer Dieu, et, en l'homme même, ce qui le rend semblable à Dieu : la liberté.

Théorie de la création des vérités éternelles et théorie de la création continuée ne constituent pas, cependant, la métaphysique de Descartes. Elles s'y insèrent même difficilement. Les exposés systématiques présenteront une métaphysique du sujet : leur première vérité sera le « je pense ». En affirmant que Dieu crée les vérités et, instant par instant, le Monde, Descartes constitue au contraire sa métaphysique à partir de l'objet. Il affirme, derrière les choses et les essences, la liberté et l'infinité de leur Créateur. Par là, sans doute, il dépasse le moment où, désireux de fonder une science universelle en étendant la certitude mathématique à l'ensemble du savoir, il semblait trouver la condition suffisante de la possibilité de cette extension dans la seule unité de l'esprit humain, lequel demeure toujours semblable à soi dans ses démarches. En 1630, le problème du rapport de l'idée et de l'être est posé et, en un sens, résolu : les vérités sont créées par Dieu. Mais pour réaliser la synthèse de la confiance première en l'esprit et de l'affirmation ontologique du Dieu créateur, il faudra qu'une prise de conscience réflexive du dépassement de l'objet vers Dieu révèle le *cogito*. Dès 1633, cependant, l'affirmation de la transcendance de l'Être, venant rejoindre et compléter les soucis logiques et scientifiques qui avaient déjà conduit Descartes à parler de la fable de son Monde, vient donner tout son poids à l'affirmation que l'Univers de la science est un univers feint. Le traité du *Monde* invite le lecteur à le suivre « dans les espaces imaginaires » ; le *Traité de l'homme* déclare n'expliquer et ne décrire que « des hommes qui nous ressemblent », et dont les fonctions « imitent le plus parfaitement qu'il est possible » celles « d'un vrai homme ». Selon nous, l'attitude qu'en cette même année 1633 Descartes va prendre devant la condamnation, par le Saint-Office, de la thèse galiléenne du mouvement de la Terre ne se peut comprendre qu'à partir de telles positions.

On connaît les faits. Le 22 juillet 1633, Descartes annonce que son traité du *Monde* est presque achevé. Ce traité explique la formation du Soleil, des étoiles, de la Terre, de la Lune, par la théorie des tourbillons, et professe l'héliocentrisme : la Terre tourne autour du Soleil. Or, l'héliocentrisme de Galilée avait déjà été condamné en 1616. En 1620, un décret de la Congrégation des cardinaux avait permis de supposer et de défendre le mouvement de la Terre « par hypothèse » et pourvu qu'on n'en voulût pas faire une vérité indubitable. Mais en 1633 Galilée est à nouveau condamné, et, cette fois, le Saint-Office défend d'affirmer le mouvement de la Terre, « même si on le propose à titre d'hypothèse ». Descartes apprend en novembre cet arrêt, qui avait été rendu le 22 juin. Aussitôt il renonce à publier son traité du *Monde*, dont seuls paraîtront certains chapitres, assez longtemps après sa mort.

Que s'est-il donc passé ? Selon nous, deux hypothèses doivent être écartées : celle de la peur, celle de la soumission totale. Descartes a-t-il peur ? C'est peu vraisemblable : il vit en Hollande, où il n'a rien à redouter de l'Inquisition. Dès 1634, Mersenne traduira Galilée et prendra sa défense. Rien, dans les lettres de Descartes lui-même, ne reflète la moindre terreur : il se contente de déclarer, en novembre 1633, qu'il ne voudrait « pour rien au monde » publier « un discours où il se trouvât le moindre mot qui fût désapprouvé de l'Église ». Faut-il donc croire qu'il se soumet absolument ? Il déclare au contraire que, si le mouvement de la Terre est faux, tous les fondements de sa physique le sont aussi. Il espère que l'Église reviendra sur sa décision. Il écrit à Mersenne, en février 1634 : « Je n'ai point encore vu que ni le pape ni le concile aient ratifié cette défense, faite seulement par la Congrégation des cardinaux établis pour la censure des livres. » Comme physicien, Descartes ne se soumet donc pas.

Mais, dès lors, peut-il avoir sincèrement l'impression qu'il reste fidèle à l'Église ? Comment concilie-t-il ses idées scientifiques et ses croyances religieuses ? Nous rencontrons ici la question, tant débattue, de son christianisme. On sait que, pour certains, Descartes est un philosophe areligieux, masquant seulement son jeu quand il se croit en danger ; pour d'autres, il est un véritable apologiste. Et déjà, de son vivant, Descartes fut accusé d'athéisme par Voetius, alors qu'il comptait, dans l'Église même, de nombreux amis : on sait que le Père Mesland, à qui, du reste, cette entreprise ne devait pas réussir, rédigea un abrégé des *Méditations* à l'usage des Écoles. En vérité, Descartes ne fut pas un chrétien très fervent. Sans nulle bigoterie, il rappelle à Voët qu'il n'a pas fait vœu de chasteté, et se soucie peu de passer pour un saint (AT-VIII - 2e partie - p. 22). Plus intéressé par la philosophie que par la religion, et surtout avide de certitudes rationnelles, il déclare à Huygens, le 10 octobre 1642, que « quoique nous veuillions croire, et même que nous pensions croire fort fermement tout ce que la religion nous apprend, nous n'avons pas toutefois coutume d'en être si touchés que de ce qui nous est persuadé par des raisons naturelles fort évidentes » (voir ce texte, déformé par Clerselier, donc par A.T., dans l'édition Roth). Il s'efforce de libérer la physique de l'empire de la théologie. Mais il n'est pas athée : toute sa métaphysique en témoigne. Il est même un chrétien soumis. Car il est convaincu que, l'infinité de Dieu dépassant les bornes de notre entendement, la révélation peut nous apprendre, à son sujet, bien des vérités que notre raison ne saurait découvrir. Contrairement à Hegel, et même à Spinoza, il ne conçoit pas que la philosophie puisse dépasser la religion et retenir toute sa vérité : bien plutôt elle y prépare, et nous conduit jusqu'à son seuil. La religion garde donc son domaine propre, où elle règne en maîtresse absolue. D'autre part, Descartes a horreur des disputes. Son amour même de la certitude le conduit à n'apprécier que l'évidence : or l'évidence ne doit-elle pas être reconnue de tous ? Tel n'est sans doute pas le cas pour le mouvement de la Terre, puisque l'Église ne l'approuve point. « Il y a déjà tant d'opinions en philosophie, écrit Descartes à Mersenne à la fin de novembre 1633, qui ont de l'apparence et qui peuvent être soutenues en dispute, que si les miennes n'ont rien de plus certain et ne peuvent être approuvées sans controverse, je ne les veux jamais publier. » Songeons encore qu'avant même la condamnation de Galilée, Descartes manifestait, pour la publication de son *Monde*, beaucoup d'hésitation et de tiédeur, et nous serons en état de comprendre sa décision. Il est plus soucieux d'acquérir des connaissances que de les transmettre, il vit à une époque où, surtout pour un gentilhomme, la publication d'un livre n'a pas grand prestige. L'Église n'est point d'accord avec sa physique : il ne la publie donc pas.

Mais ces explications demeurent insuffisantes et partielles. La raison profonde qui conduit Descartes à éviter la polémique est qu'il estime qu'elle ne pourra, de tous côtés, donner lieu qu'à des contresens, et que la querelle qui s'engage ne le concerne pas tout à fait. Sa physique n'est en rien l'anticipation de celle de Newton : elle ne fait intervenir aucune considération de masse. Elle ne définit le mouvement que par la relation réciproque, géométriquement déterminée, de deux corps, donc par référence à un point arbitrairement déclaré fixe. Selon la réalité, il est indifférent de dire que la Terre se meut ou ne se meut pas, et c'est pourquoi, dans les *Principes*, Descartes pourra déclarer que la Terre est immobile. Définissant alors le mouvement d'un corps par rapport à ce qui touche ce corps, il estimera que la Terre, emportée autour du Soleil par un tourbillon, n'a pas de mouvement propre relativement à ce tourbillon même. Dans toute affirmation scientifique entre ainsi une large part de convention : la science est un langage, une sorte de fiction. Mais Descartes ne reconnaît pas plus de vérité ontologique au récit biblique : « C'est appliquer l'Écriture Sainte, écrira-t-il en août 1638, à une fin pour laquelle Dieu ne l'a point donnée, et par conséquent en abuser, que d'en vouloir tirer la connaissance de vérités qui n'appartiennent qu'aux sciences humaines et qui ne servent point à notre salut » (AT-II-348). Dans l'*Entretien avec Burman* (AT-V-169), il dira de même du récit de la Bible qu'il est métaphorique. Physique et récit historique de la Genèse lui apparaissent donc comme deux langages adaptés, l'un à notre connaissance rationnelle et à notre action technique, l'autre à notre salut : langages laissant en dehors d'eux cet Être que peut seule découvrir la métaphysique. Certes, le monde « feint » n'apparaît pas alors comme un monde « hypothétique », au sens où le décret des cardinaux, en 1620, prenait le mot « hypothèse ». Descartes tient le Monde que décrit sa physique pour scientifiquement incontestable ; et c'est en cela qu'il est pleinement d'accord avec Galilée. Mais, du moins en cette période, la vérité scientifique ne lui apparaît pas comme identique à la réalité. C'est pourquoi il demande à notre pensée « de sortir hors de ce Monde pour en venir voir un autre tout nouveau », se contente de décrire « des hommes, qui nous ressemblent », déclare, dans la *Dioptrique*, qu'il expliquera toutes les propriétés de la lumière que l'expérience nous fait connaître sans « dire au vrai » ce qu'est la lumière elle-même. Et les *Principes*, qui, sur tant de points, reprendront le projet du *Monde*, affirmeront à la fois que Dieu a créé, d'un coup, le Monde couvert d'arbres et Adam en état d'homme parfait, mais que nous connaîtrons mieux « quelle a été la nature d'Adam et celle des arbres du Paradis » en examinant « comment les enfants se forment peu à peu au ventre des mères et comment les plantes sortent de leur semence » (III-45). Ainsi équilibrées par l'Être transcendant et infini, vérité scientifique et vérité religieuse sont, non certes synthétisées par un système, mais conservées en leurs plans distincts, situées, équilibrées. L'effort vers la totalité, inséparable de toute entreprise philosophique, ne se transforme pas en effort de réduction à l'unité : il est plutôt de mise en place, ce pourquoi, toujours, chez Descartes, l'analyse est préférée à la synthèse. On peut donc dire qu'en 1633 Descartes professe une sorte de doctrine de la double vérité. Dans le conflit, qui domine son époque, entre la science et la foi, il refuse de choisir entre un mécanisme antireligieux et une foi qui condamnerait la science. Et sans doute retrouve-t-il ici le souci de ses maîtres jésuites, à la fois attentifs aux exigences de la Contre-Réforme et passionnés de progrès scientifique. Mais, pour maintenir ensemble les affirmations parfois contradictoires de la science et de la foi, il donne à l'Être divin une place éminente, use, en ce qui concerne le monde, des notions de langage, de fable, et pressent que les lois de la connaissance vraie peuvent n'être pas celles des choses. Au reste, nous verrons, plus tard, la doctrine de la véracité divine ruiner une si précieuse distinction, et ramener Descartes au réalisme de l'objet.

Ayant renoncé à publier le *Monde*, c'est-à-dire un système complet de cosmogonie, Descartes n'abandonne pas, pour autant, tout projet d'édition. Bien plutôt, il songe à détacher quelques parties de sa physique, et à y joindre une préface. Il continue donc ses travaux. Dès la fin de 1633, il fait avec Beeckman une expérience sur la propagation de la lumière, qu'il croit instantanée, et, plus tard, relate cette expérience dans une lettre du 22 août 1634. En 1635 il termine la *Dioptrique* et rédige les *Météores*. En mars 1636, toujours fidèle à son idéal premier d'une science totale, portant aussi bien sur les fins de la conduite que sur les moyens de les atteindre, il écrit à Mersenne que le titre de son ouvrage sera : « Le projet d'une

Science universelle qui puisse élever notre nature à son plus haut degré de perfection ». Mais après réflexion il s'arrête au titre plus modeste de *Discours de la Méthode*, ce qui est, écrira-t-il à Mersenne en mars 1637, « le même que Préface ou Avis touchant la Méthode pour montrer que je n'ai pas dessein de l'enseigner, mais seulement d'en parler ». Le 24 décembre 1636, il signe son contrat d'édition avec le libraire Jean Maire. La *Géométrie* n'est jointe au *Discours* qu'au dernier moment, en mars 1637, et Descartes déclare l'avoir composée pendant qu'on imprimait les *Météores*. Enfin, après quelques retards, dus aux difficultés d'obtenir le privilège, et dont s'irrite fort Descartes, l'ouvrage paraît, sans nom d'auteur, le 8 juin : il comprend le *Discours de la Méthode*, la *Dioptrique*, les *Météores*, la *Géométrie*. Très soucieux de l'effet que ses travaux vont produire, Descartes échange, dès 1636, un nombre considérable de lettres avec divers correspondants, surtout avec Huygens (voir dans Roth ou dans Adam-Milhaud ces lettres non contenues dans A.T.). Il écrit, par exemple, à Huygens le 29 mars 1637 : « J'ai été plus ému de joie en lisant ce que vous m'avez fait l'honneur de m'écrire touchant le *Discours de la Méthode* que je n'imaginais le pouvoir être pour aucun bonheur qui m'arrivât. » Il compare ses essais à des enfants qu'il « envoie tout nus » et estime que, nés en même temps que la fille de Huygens lui-même, ils auront « par conséquent même horoscope ». Mais les soucis d'auteur ne l'empêchent pas de continuer ses travaux. Il fréquente, à Leyde, l'amphithéâtre de dissection, rédige plusieurs fragments relatifs à la physique, aux mathématiques, à l'anatomie, et son *Traité de la mécanique*, ou « Explication des engins par l'aide desquels on peut avec une petite force lever un fardeau fort pesant » (il s'agit de la poulie, du plan incliné, du coin, de la roue, du tour, de la vis et du levier).

Écrit en français et proclamant, dès son début, l'universalité de la Raison, le *Discours de la Méthode* est à la fois une préface et un ouvrage de vulgarisation : il veut intéresser le public à cette méthode, dont Descartes espère tant de découvertes, et donner quelques échantillons de ses résultats. Mais on n'y trouve l'expression parfaite et définitive d'aucune des pensées de Descartes. Celui-ci, dans la première partie du *Discours*, nous indique d'abord comment la déception que lui causèrent ses études fut le point de départ de ses recherches. Dans la seconde, il fait part de son projet de tout reconstruire, au moins dans l'ordre théorique, et substitue pour cette fin à « ce grand nombre de préceptes dont la logique est composée » les quatre règles fameuses : « ne recevoir jamais aucune chose pour vraie que je ne la connusse évidemment être telle », « diviser chacune des difficultés que j'examinais en autant de parcelles qu'il se pourrait et qu'il serait requis pour les mieux résoudre », « conduire par ordre mes pensées, en commençant par les objets les plus simples et les plus aisés à connaître pour monter peu à peu comme par degrés jusques à la connaissance des plus composés », « faire partout des dénombrements si entiers et des revues si générales que je fusse assuré de ne rien omettre ». En ceci est repris l'essentiel des conseils donnés dans les *Regulae*, et le but de Descartes demeure le même : étendre à tous les domaines une analyse de type mathématique. Car, ajoute Descartes, « ces longues chaînes de raisons, toutes simples et faciles, dont les géomètres ont coutume de se servir pour parvenir à leurs plus difficiles démonstrations, m'avaient donné occasion de m'imaginer que toutes les choses qui peuvent tomber sous la connaissance des hommes s'entresuivent en même façon et que, pourvu seulement qu'on s'abstienne d'en recevoir aucune pour vraie qui ne le soit, et qu'on garde toujours l'ordre qu'il faut pour les déduire les unes des autres, il n'y en peut avoir de si éloignées auxquelles enfin on ne parvienne, ni de si cachées qu'on ne découvre ». Ainsi, l'affirmation même de l'universalité de la raison semble servir surtout à mettre en lumière l'irremplaçable valeur de la méthode. Si tous les hommes ont un esprit semblable, comment se fait-il qu'un si petit nombre d'entre eux parvienne à la vérité ? C'est qu'ils ignorent l'ordre qu'il faut suivre. « Car ce n'est pas assez d'avoir l'esprit bon, mais le principal est de l'appliquer bien. » Et tous les exposés méthodologiques de Descartes concourent aux mêmes fins : découvrir le simple, offert à l'intuition, établir l'ordre par lequel nous pourrons nous élever, rationnellement et par degrés, à la connaissance du complexe.

Pourtant les difficultés que contenaient, au sujet de l'intuition et de l'ordre, les *Regulae* ne sont pas ici résolues ; à s'en tenir à ce que Descartes nous dit de sa méthode, le savant ne saurait, il le faut avouer, trouver grand enseignement et grand secours pour ses recherches et beaucoup se sont étonnés de voir le *Discours* nous promettre tant et nous offrir si peu. Certains même ont cru que Descartes avait gardé pour lui les « secrets » de sa méthode, et il est de fait que, dans le *Discours,* il essaie moins de la transmettre que d'en donner une haute opinion, afin d'inciter le public, comme le révèle la sixième partie, à aider financièrement Descartes en des expériences qu'il se croit seul capable de mener à bien. D'autre part, le problème du fondement de la connaissance n'est toujours pas résolu, et, sur ce point encore, les obscurités des *Regulae* demeurent. Il faut, dit le *Discours,* supposer même de l'ordre entre les objets « qui ne se précèdent point naturellement les uns les autres ». Est-ce à dire que la confiance méthodologique se mêle ici à la défiance ontologique, et Descartes avoue-t-il que, pour rendre le Monde et l'Homme mathématisables, il les faut remplacer par un Monde et par un Homme imaginaires, répondant aux conditions de notre connaissance ? La seconde partie du *Discours* ne nous renseigne pas mieux que les *Regulae* sur ce point ; nous sommes toujours au stade d'une confiance spontanée de l'esprit en une science où la vérité est sa propre marque, et dont la valeur, comme on le verra dans la *Dioptrique* ou les *Météores,* ne sera établie que par les résultats.

La troisième partie du *Discours* traite de morale. Car ce n'est pas assez, « avant de commencer à rebâtir le logis où on demeure, que de l'abattre, et de faire provision de matériaux ou d'architectes, ou s'exercer soi-même à l'architecture, et outre cela d'en avoir soigneusement tracé le dessin » : « il faut aussi s'être pourvu de quelque autre où l'on puisse être logé commodément pendant le temps qu'on y travaillera ». Descartes ne veut donc pas demeurer « irrésolu » en ses actions pendant que sa raison l'obligera de l'être en ses jugements. Et, là encore, il formule des règles ou maximes, qui, en attendant la solution définitive du problème de la conduite, constituent une sorte de « morale par provision » : « obéir aux lois et aux coutumes de mon pays, retenant constamment la religion en laquelle Dieu m'a fait la grâce d'être instruit dans mon enfance, et me gouvernant en toute autre chose suivant les opinions les plus modérées et les plus éloignées de l'excès »... « être le plus ferme et le plus résolu en mes actions que je pourrais, et ne suivre pas moins constamment les opinions les plus douteuses lorsque je m'y serais une fois déterminé que si elles eussent été très assurées »... « tâcher toujours plutôt à me vaincre que la fortune, et à changer mes désirs que l'ordre du monde, et généralement... m'accoutumer à croire qu'il n'y a rien qui soit entièrement en notre pouvoir que nos pensées, en sorte qu'après que nous avons fait de notre mieux touchant les choses qui nous sont extérieures, tout ce qui manque de nous réussir est au regard de nous absolument impossible ». Le stoïcisme de certains de ces propos est difficile à concilier avec l'espoir technique de conquête qu'exprimera la sixième partie, et avec les attaques de la première partie contre les Stoïciens. « Ils élèvent fort haut les vertus... mais ils n'enseignent pas assez à les connaître, et souvent ce qu'ils appellent d'un si beau nom n'est qu'une insensibilité, ou un orgueil, ou un désespoir, ou un parricide. » Sans doute s'agit-il d'une morale provisoire. Mais on sait que plus tard Descartes en affirmera le contenu comme définitif. En vérité, chacune des parties du *Discours* présente à la fois un moment de la vie de Descartes et un ordre différent de pensées. Et sans doute, en 1637, Descartes s'efforce-t-il d'apercevoir selon l'unité toutes les recherches qu'il a entreprises depuis 1619. Mais il est loin d'y parvenir, ce pourquoi l'unité du *Discours* n'est pas celle d'un système, mais celle d'une histoire : l'histoire de l'esprit de Descartes, et même, en un sens, l'histoire de Descartes lui-même, qui tient ensemble les vérités les plus diverses, mais ne peut encore les ordonner en un ensemble proprement déductif.

Il est donc permis de dire que le véritable *cogito* du *Discours* est encore inconscient de soi, et que, par là, il se présente comme historique. Ses diverses attitudes sont successivement décrites en une sorte de revue temporelle : « J'ai été nourri aux lettres dès mon enfance »... « J'employai le reste de ma jeunesse à voyager, à voir des cours et des armées »... « J'étais alors en Allemagne »... « Il y a justement huit ans que ce désir me fit résoudre à m'éloigner de tous les lieux où je pouvais avoir des connaissances... »... « Or il y a maintenant trois ans que j'étais parvenu à la fin du traité »... Les six parties du *Discours* s'ordonnent ainsi selon quelque chronologie, et la métaphysique exposée dans la quatrième ne peut de ce fait trouver son véritable rôle, qui est de fondement. Elle est elle-même située dans le temps, correspondant à une époque de réflexions cartésiennes, et, déjà, pour cette raison, diffère essentiellement de celle des *Méditations*, où le *cogito*, devenant vraiment premier, verra son histoire élevée à l'essence. Mais c'est en eux-mêmes que le doute et le *cogito* du *Discours* diffèrent du doute et du *cogito* des *Méditations :* ils sont, nous le verrons, d'ordre scientifique, plus qu'à proprement parler métaphysique. Aussi, dès la cinquième partie, Descartes peut-il aisément revenir aux sciences dont, en 1637, le souci ne l'a jamais quitté. Il reprend l'« ordre des questions de physique », insiste sur ses découvertes relatives à la circulation du sang, puis, dans la sixième partie, annonce plus précisément la *Dioptrique* et les *Météores* en demandant l'aide du public pour la continuation de ses travaux. Le *Discours* se prolonge ainsi tout naturellement par la *Dioptrique,* où Descartes étudie la marche des rayons lumineux et disserte sur le télescope ; par les *Météores,* qui expliquent les vents, la pluie et les orages, et contiennent la théorie de l'arc-en-ciel ; par la *Géométrie* enfin, où sont reprises, non sans obscurité, les découvertes mathématiques. Jusqu'en 1637, Descartes est donc, avant tout, un savant. Son effort est tourné vers le Monde, qu'il veut connaître, expliquer, offrir tout entier à cette « intuition » où il réduit, en dernière analyse, toute connaissance. Grâce au télescope, nous pourrons « voir des objets aussi particuliers dans les astres que ceux que nous voyons communément sur la terre ». La science nous révélera les ressorts les plus secrets de la vie ; et le passage intellectuel du simple au complexe se fera lui-même par l'« intuition » de rapports. En tout ceci, il y a une sorte de primat de fait de l'objet sur le sujet, et la direction de l'esprit est orientée vers le monde qu'il faut dominer et vaincre. « Sitôt, écrit Descartes, que j'ai eu acquis quelques notions générales touchant la Physique, et que, commençant à les éprouver en diverses difficultés particulières, j'ai remarqué jusqu'où elles peuvent conduire, et combien elles diffèrent des principes dont on s'est servi jusqu'à présent, j'ai cru que je ne pouvais les tenir cachées, sans pécher grandement contre la loi qui nous oblige à procurer, autant qu'il est en nous, le bien général de tous les hommes. Car elles m'ont fait voir qu'il est possible de parvenir à des connaissances qui soient fort utiles à la vie, et qu'au lieu de cette philosophie spéculative, qu'on enseigne dans les écoles, on en peut trouver une pratique, par laquelle connaissant la force et les actions du feu, de l'eau, de l'air, des astres, des cieux et de tous les autres corps qui nous environnent, aussi distinctement que nous connaissons les divers métiers de nos artisans, nous les pourrions employer en même façon à tous les usages auxquels ils sont propres, et ainsi nous rendre comme maîtres et possesseurs de la nature. » Cet espoir technicien s'étend à la médecine, qui nous « pourrait exempter d'une infinité de maladies, tant du corps que de l'esprit, et même aussi peut-être de l'affaiblissement de la vieillesse ». La métaphysique de Descartes nous fera vivre en un autre climat.

3. La métaphysique

Les historiens de la philosophie, étudiant des doctrines plutôt que des hommes, des idées plutôt que des pensées, attachent en général peu d'importance à la démarche par laquelle on devient philosophe. Cette démarche paraît, chez eux, aller de soi, et chaque penseur trouve place en une histoire où, par une sorte de filiation continue, les doctrines engendrent les doctrines. Pourtant, rien n'est moins naturel que d'être philosophe, et sans doute nul métaphysicien n'eut-il jamais l'impression de se situer en une histoire de la pensée, de succéder à d'autres comme, en quelque entreprise, un fils peut remplacer son père. Les philosophes ne naissent point de philosophes. L'histoire où d'abord ils sont pris n'est pas celle de la philosophie, mais celle de leur nation, de leur famille, celle aussi des croyances et de la science de leur temps, et c'est précisément en rompant avec cette histoire qu'ils découvrent la philosophie : aussi ont-ils souvent l'illusion d'inventer ce qu'en fait ils retrouvent. Il faudrait donc comprendre d'abord, en un philosophe, la nature de cette étrange vocation qui, même si elle l'insère, malgré lui, en une tradition que souvent il ignore, le condamne, en fait, à la solitude. La rupture de Descartes avec ses professeurs, avec sa famille, avec son pays, et sa solitude en Hollande ne sont-elles pas, en effet, les signes de la solitude de sa pensée, et de cette rupture essentielle par laquelle il a choisi d'être philosophe ?

Le seul désir de connaître scientifiquement peut, il est vrai, amener un homme à s'isoler, et, chez Descartes, un tel désir paraît bien avoir été la raison première de sa retraite. Mais c'est qu'alors, dans la confusion de son enthousiasme, Descartes croyait pouvoir satisfaire par la science des désirs dont il a plus tard compris qu'ils se dirigeaient vers l'Être, et non vers l'objet. La science est technique et collective, et les appels de Descartes à Mersenne, auquel il demande renseignements et relations d'expériences, son souci de répondre aux problèmes et aux questions que lui proposent Huygens ou Golius, s'opposent en ceci à la démarche des *Méditations*, où la pensée n'avance qu'en se séparant des vérités objectives et de la conscience d'autrui, en approfondissant seulement l'expérience de son rapport avec l'Être. C'est donc dans les seules *Méditations* que se consomme la rupture avec toute attitude spontanée de conscience, et la démarche de Descartes ferait ici plutôt songer à la démarche religieuse par laquelle l'homme, comprenant que le comportement quotidien, technique et pratique, qui constitue sa vie, n'épuise pas son être, oppose, au Monde des objets, un autre Monde vis-à-vis duquel il s'engage et que déjà il qualifie.

Cependant la démarche cartésienne n'est pas plus religieuse qu'elle n'est scientifique et, si Descartes identifie l'Infini qu'il affirme et le Dieu chrétien, c'est au nom d'une foi qu'il déclare lui-même extérieure à la connaissance. L'Infini demeure donc incompréhensible, et sa présence à la pensée sert surtout à déréaliser l'objet, à rappeler, comme on l'a vu dans la théorie de la création des vérités éternelles, que cela même qui est connu comme nécessaire émane d'un Être d'un autre ordre, à produire enfin, jusque dans la morale, une sorte de désengagement. Par là, Descartes renonce à toute qualification de l'Être, et même à toute doctrine de l'analogie. Il oppose l'Être créateur à l'objet connu comme deux réalités irréductibles et de plans différents. Et cette opposition, par où se définit le domaine propre de la métaphysique, ne résulte pas, comme en la pensée religieuse de Pascal, d'un pur renversement substituant aux découvertes d'une raison opératoire et technicienne les vérités, autrement qualifiées, de la foi. Au départ, la raison cartésienne était à la fois adoratrice et active. Mais, par la suite, une analyse hiérarchisante a distingué en elle ce qui est saisie de l'Être et ce qui est compréhension du Monde, la certitude des substances et la connaissance de leurs attributs. Alors l'enthousiasme de 1619 a laissé place, d'une part, à une recherche scientifique portant sur un objet dont Descartes répète sans cesse qu'il ne faut pas s'étonner (voir le début et la fin de la 3e partie des *Principes*) et, d'autre part, au consentement admiratif à un Être dont il soutient qu'il faut considérer les perfections, « non point à dessein de les comprendre, mais plutôt de les admirer, et reconnaître combien elles sont au-delà de toute compréhension » (AT-IX-90). La démarche métaphysique ne peut être ici confondue avec aucune autre, subordonnée à aucune autre, expliquée par une quelconque finalité qui lui serait extérieure et, par exemple, par le seul désir qu'aurait Descartes de justifier son système scientifique. Car on ne saurait concilier l'idée d'une métaphysique ayant une fin extérieure à soi et celle d'une métaphysique ayant une évidence supérieure à toute autre évidence. Le propre de la démarche métaphysique, c'est qu'elle est imposée, reçue. C'est qu'on ne s'y dérobe point. C'est qu'on ne sait pas où elle nous mène. Aussi le doute des *Méditations*, loin d'être conduit par Descartes, conduit-il à cette perte du sens du réel objectif que Descartes compare à l'état d'un homme qui serait « tombé dans une eau très profonde », état que, dès 1631, il signalait à Balzac comme étant le sien.

Or, à cette époque, il affirmait aussi, par sa théorie de la création des vérités éternelles, la supériorité de Dieu sur toute nécessité conçue. La démarche métaphysique paraît donc reposer sur une sorte d'expérience de l'Être, découvert comme supérieur aux objets déterminables et aux vérités compréhensibles, expérience qui divise et détruit l'unité du plan du monde, et interdit à la raison de se satisfaire tout à fait de ce qu'elle conçoit à titre de représentation. Aussi Descartes écrivait-il à Mersenne, le 15 avril 1630, qu'il avait trouvé comment on peut « démontrer les vérités métaphysiques d'une façon qui est plus évidente que les démonstrations de la géométrie », mais qu'il ne savait s'il le pourrait « persuader aux autres ». Comment en effet serait-on persuadé par une démonstration métaphysique si l'on ne revit les démarches qu'elle exprime, c'est-à-dire si, d'abord, on ne la prend au sérieux ? Et comment prendre au sérieux une démarche métaphysique sans cesser de la considérer comme une découverte de type scientifique, pour y voir le signe de la dimension éternelle par laquelle l'homme échappe aux déterminations objectives et juge tout ce qui, dans sa connaissance, s'offre à titre de contenu ? Ici se retrouve sans doute la vérité selon laquelle l'Être ne se découvre qu'à quelque adhésion gratuite. La volonté de comprendre, engendrant la science, peut nous amener au système ; encore faut-il qu'elle se considère elle-même, pour se persuader qu'expliquant tout chose elle n'est pas expliquée, et que le désir dont elle est faite ne peut être sauvé que s'il est distingué de tout fait explicable, c'est-à-dire, précisément, par métaphysique.

Ce qui, selon nous, a masqué, à la plupart des commentateurs, cette vérité, c'est la confusion, sans cesse commise, entre les trois exposés que Descartes a donnés de sa métaphysique : celui du *Discours*, celui des *Méditations*, celui des *Principes*. En chacun de ces exposés, l'ordre des thèmes métaphysiques (le doute, le *cogito*, Dieu) est sensiblement le même. Car la métaphysique de Descartes n'est pas faite d'affirmations pouvant être présentées suivant un plan quelconque : elle est constituée par une suite de moments intellectuels qui s'appellent les uns les autres, dont chacun suppose celui qui le précède et engendre celui qui le suit. Mais quelle différence dans l'ordre des arguments invoqués, et surtout dans le ton, qui n'est pas, comme on l'a cru, ornement littéraire, mais dans les *Méditations*, le signe le plus authentique de la démarche accomplie ! Il est donc, dès l'abord, nécessaire, si l'on veut saisir l'originalité de la métaphysique cartésienne, d'apercevoir qu'elle ne se révèle pleinement qu'au niveau des

Méditations, de comparer avec soin les *Méditations* à la quatrième partie du *Discours*, et de mesurer ainsi le progrès accompli de 1637 à 1641.

Durant cette période, Descartes vit surtout à Santpoort. Il fait venir près de lui Hélène, l'amie dont, en 1635, il a eu une fille, et cette fille elle-même, Francine. Mais il ne goûtera pas longtemps la douceur de leur présence : revenu à Leyde en 1640, il sera rappelé à Amersfort par une grave maladie de son enfant. Francine mourra en septembre 1640, laissant à Descartes « le plus grand regret qu'il eût jamais senti de sa vie ». Et l'année 1640 sera une fois encore, comme le dit Baillet, « fatale à notre philosophe », et lui permettra d'« éprouver que la vraie philosophie n'étouffe point le naturel ». Car, un mois après Francine, Descartes perdra « son père, doyen du Parlement de Bretagne », mort, « au mois d'octobre, âgé de soixante-dix-huit ans ». Apprenant cette mort, Descartes renoncera au voyage en France qu'il projetait. C'est donc sans notable déplacement et, selon l'expression de la lettre à Mersenne du 17 mai 1638, dans le calme d'un « coin de la Northollande », qu'il passe les fécondes années de 1638, 1639 et 1640. Il continue ses dissections, répond à diverses objections faites au *Discours*, polémique avec Petit, avec Morin, avec Roberval, avec Fermat, poursuit ses propres recherches mathématiques (les fragments 3 à 6 des *Excerpta mathematica* sont rédigés à cette date), répond à diverses questions qui lui sont posées. Pourtant, il manifeste quelque lassitude pour les recherches scientifiques et, dès septembre 1638, il déclare à Mersenne ne plus vouloir s'occuper de géométrie. En effet, son esprit se tourne alors tout à fait vers la recherche des fondements du savoir. Il rédige ses *Méditations* et les soumet aussitôt à Regius, qui, depuis 1638, enseignait à l'Université d'Utrecht la philosophie cartésienne, et à Æmilius. Tous deux, si l'on en croit Baillet, « en furent charmés jusqu'à l'extase ». Descartes montre encore son texte aux prêtres musiciens Bannius et Blomaert, et par leur intermédiaire à l'archiprêtre d'Alkmaar, Caterus, qui rédige aussitôt des objections auxquelles répond Descartes. Le 10 novembre 1640, Descartes confie son ouvrage à Huygens, et charge Mersenne de le soumettre au jugement de la Sorbonne. Car il espère « l'approbation des Docteurs », et y compte si fermement que la première édition, parue à Paris chez Soly le 28 août 1641, mentionne à tort qu'il l'a obtenue. Pourtant, en dépit de l'appui de Gibieuf et de la duchesse d'Aiguillon, Descartes ne reçoit pas cette approbation et son indication disparaît dans la seconde édition (Louis Elzevier, Amsterdam, 1642) qui de même remplace, dans son titre, l'annonce de la démonstration de « l'immortalité de l'âme », que contenait la première, par celle, plus modeste, de la démonstration de la « distinction de l'âme et du corps ». Depuis sept mois, cependant, Descartes passait son temps à répondre à toutes les objections qu'il recevait. Avec le texte des *Méditations*, la première édition publie donc six séries d'*Objections*, et les *Réponses* de Descartes. Les premières objections, nous l'avons dit, sont de Caterus. Les secondes, « recueillies par le R.P. Mersenne de la bouche de divers théologiens et philosophes », sont surtout de Mersenne lui-même. Les troisièmes émanent de Hobbes, les quatrièmes d'Arnauld, et, déclare Descartes, sont « les meilleures » qu'il ait reçues. Les cinquièmes sont présentées par Gassendi, les sixièmes par plusieurs géomètres et théologiens. L'édition de 1642 contient en outre une septième série d'objections, celles du P. Bourdin, et les réponses de Descartes.

C'est avec les *Méditations*, dont le pivot sera constitué par la théorie de la véracité divine, que pour la première fois est mise en cause la valeur de cette raison dont, jusque-là, Descartes avait employé les procédés sans s'interroger vraiment sur sa validité dernière. Et c'est pourquoi les *Méditations* commencent par le doute. Mais déjà le doute se trouvait à l'origine de l'exposé de la quatrième partie du *Discours*. Il importe donc de marquer les points communs et les différences des deux textes. Les caractères communs au doute du *Discours* et à celui des *Méditations* sont nombreux : à leur sujet, à peu près tous les commentateurs sont d'accord. Et tout d'abord, le doute met moins en question l'objet comme tel que les opinions relatives à cet objet même : c'est pourquoi son retournement laissera place à un « je pense », et inaugurera une métaphysique du sujet. Traitant du doute, Descartes rappelle toujours la multiplicité des opinions qui s'opposent en l'esprit de tout homme, opinions dont la plupart sont acquises et constituent la prévention. Il invoque aussi le fait de l'erreur : nous nous trompons souvent. Voulant nous délivrer de cette multiplicité, comme de ce risque permanent d'erreur, le doute cartésien reprend deux projets méthodologiques de 1628, retrouve deux thèmes des *Regulae* : celui de la certitude, celui de l'unité. Il faut rompre avec toute science du probable : science de type médiéval où tout demeure en discussion. Il faut fonder une science du certain sur le modèle des mathématiques et, pour cela, rejeter tout ce qui n'est pas certain jusqu'à ce que soit découverte une première et fondamentale évidence. Et, par là, deviendra possible une pensée unifiée. Beaucoup de gens, certes, laissent voisiner en eux des opinions contradictoires sans paraître souffrir outre mesure de leur opposition. Soucieux d'un ordre unique, Descartes rappelle au contraire que, si l'on veut reconstruire une ville, il faut d'abord jeter à bas toutes les vieilles maisons qui se sont assemblées, comme au hasard, en petites ruelles. On voit qu'il ne se contente pas de douter. Il nie, et tient pour faux ce qui n'est que vraisemblable. Au sens strict, cependant, le doute devrait se borner à suspendre le jugement : et tel fut le doute sceptique, ou le « que sais-je ? » de Montaigne. Or Descartes déteste l'incertitude. Ce qui tient l'esprit en suspens lui déplaît. Rien ne lui est plus étranger que la notion de degrés dans l'assentiment. De même que, du côté de l'objet, il ne peut y avoir de milieu entre le vrai et le faux, de même, du côté du sujet, on ne doit admettre aucune position intermédiaire entre l'affirmation du certain et la négation de tout le reste. « Je pensai, lit-on dans le *Discours*, qu'il fallait... que je rejetasse comme absolument faux tout ce en quoi je pourrais imaginer le moindre doute. » Aussi le doute cartésien, tenant pour faux ce qui est seulement douteux, est-il « hyperbolique » (le mot hyperbole étant un terme de rhétorique signifiant excès, exagération). Et cette exagération prépare et rend possible la certitude. Le doute est un procédé pour parvenir à l'affirmation, c'est un doute méthodique.

De ce fait, pareil doute est provisoire, et, par là, se distingue tout à fait de ce que sera, chez Kant, la méthode critique. Certes, comme Descartes, Kant posera le problème de la valeur de notre connaissance. Mais la connaissance humaine étant conçue, par Kant, comme relative, déterminant les phénomènes et n'atteignant pas les choses en soi, on peut dire indifféremment qu'il n'y a pas de doute dans le kantisme, ou que le doute est partout, et qu'il est définitif. Chez Descartes, au contraire, le doute est passager. Doutant de la validité de la pensée, Descartes constitue son problème au moment de sa solution ; il doute, puis il affirme. Le doute laisse place à une conviction sans réserves. Et, situé dans le temps, placé à l'origine même de la recherche, il est volontaire. « A cause que nos sens nous trompent quelquefois, lit-on dans le *Discours*, je voulus supposer qu'il n'y avait aucune chose qui fût telle qu'ils nous la font imaginer. » « J'emploie tous mes soins à me tromper moi-même », précisent les *Méditations*, et « ce dessein est pénible et laborieux ». C'est encore comme volontaire qu'à la fin de la *Méditation première* le doute donne lieu à la fameuse hypothèse du malin génie, hypothèse purement méthodologique, qui permet à Descartes de tendre sa volonté contre une autre volonté, supposée à la fois plus forte que la sienne et essentiellement désireuse de l'induire en erreur. Car tout jugement suppose l'intervention de deux facultés : l'entendement qui conçoit, la volonté qui affirme. La volonté est complètement libre. Elle peut donc suspendre notre jugement, ou nier ce qui est seulement douteux. Elle peut m'empêcher d'affirmer quoi que ce soit, et donc me permettre de résister à toute tromperie. Ainsi le doute exprime notre totale autonomie, et traduit notre pouvoir de n'être, si nous le voulons, jamais abusés.

Mais les différences entre les divers exposés que Descartes nous a laissés de son doute restent considérables. Elles apparaîtront si l'on examine, dans le *Discours* et dans les *Méditations*, les raisons de douter. En effet, même volontaire, le doute ne peut se constituer qu'en s'appuyant sur des raisons. Il ne devient effectif que par leur entremise. Spinoza reprochera à Descartes d'avoir oublié qu'on ne peut pas douter comme on veut, ni de ce que l'on veut. Certes, il m'est toujours possible de déclarer que je doute ; mais autre chose est dire que l'on doute, autre chose douter effectivement. Puis-je, par exemple, douter effectivement de la vérité mathématique : deux et deux font quatre ? Or Descartes a fort bien prévu une telle objection. S'il répète que les lecteurs devraient passer « quelques mois, ou du moins quelques semaines, à considérer les choses » dont traite la *Méditation première* (AT-IX-103), c'est pour signifier que celle-ci ne sera vraiment comprise que si le doute y devient effectif. Et le doute ne peut devenir effectif que par la réflexion prolongée sur les raisons de douter. Par sa propre force, la volonté ne peut produire ni affirmation, ni négation. Il ne suffit pas de vouloir croire en Dieu pour croire en Dieu. Il ne suffit pas de vouloir ne plus croire que deux et deux fassent quatre, ou « que je sois ici, assis auprès du feu, vêtu d'une robe de chambre », pour faire cesser toute confiance dans les mathématiques ou dans la perception. Qu'elle se propose de provoquer ou de supprimer le jugement, la volonté doit s'appuyer sur des raisons. Le doute cartésien invoque donc des arguments, dont la compréhension fera effectivement apparaître ses objets comme douteux. Le rappel des erreurs commises en calculant, ou de l'illusion du rêve, sont des raisons de douter, et bien que située aux limites de l'absurde, et se donnant comme entièrement forgée, l'hypothèse du malin génie témoigne elle-même que le doute le plus volontaire ne se peut exercer que par quelque appel à l'entendement : pour douter, la volonté a recours à la supposition intellectuelle d'un « trompeur », dont l'existence doit au moins apparaître comme possible.

Or, les raisons de douter invoquées par Descartes en ses divers exposés sont différentes. Bien qu'entrepris à un moment donné, et une fois dans la vie, le doute ne peut en effet tirer ses motifs que du souvenir d'expériences antérieures, comme Descartes l'avoue, par exemple, en remarquant qu'il n'aurait jamais douté si des opinions multiples ne s'étaient d'abord opposées en son esprit. Les raisons de douter, tirées de réflexions anciennes, et d'incertitudes passées, se situent donc, selon le moment et le souci qu'elles rappellent, à des niveaux de réflexion plus ou moins profonds. Ainsi le doute du *Discours*, reprenant des soucis scientifiques, ne dépasse jamais le niveau d'un doute méthodiquement sélectif. Les sens, dit Descartes, nous trompent quelquefois. Supposons donc qu'il n'y ait « aucune chose » qui soit « telle qu'ils nous la font imaginer ». Descartes ne met pas en cause l'existence du monde extérieur ; il s'interroge seulement sur la conformité de nos sensations à la nature du monde, et note qu'il n'y a peut-être, hors de nous, aucune réalité qui soit telle que nos sens nous la présentent. Et, en ceci, il se borne à reprendre les raisons qu'il eut, en physicien, d'éliminer le sensible, raisons qu'exposait déjà le *Monde* en nous avertissant qu'il « peut y avoir de la différence entre le sentiment que nous avons » de la lumière « et ce qui est dans les objets », et en nous faisant remarquer que la sensation de chatouillement causée par une plume que l'on passe sur les lèvres ne ressemble à rien « de ce qui est en cette plume ». Dans le *Discours*, comme dans le *Monde*, il s'agit donc avant tout de remplacer par une physique mathématique une physique de la qualité. Aussi l'argument du rêve, observant que « toutes les mêmes pensées que nous avons étant éveillés nous peuvent aussi venir quand nous dormons, sans qu'il y en ait aucune pour lors qui soit vraie », prend-il lui-même un caractère sélectif : il faut distinguer le vrai du faux, le réel du non-réel. Le doute du *Discours* ne fait qu'un avec la méthode et avec la science, dont il n'est qu'un moment.

C'est pourquoi, lorsqu'il s'attaque aux mathématiques, le *Discours*, loin de mettre en question les essences, remarque seulement qu'« il y a des hommes qui se méprennent en raisonnant ». Le mathématicien ne doit-il pas, en effet, être en garde contre toute erreur possible, contre la tendance à juger trop vite, contre la précipitation ? Et ne convient-il pas que le savant se défie de toutes les opinions qu'il n'a pas admises en vertu d'une évidence rationnelle, souvenirs fixés en notre mémoire par l'enseignement scolaire ou les préjugés de l'enfance, mauvaises habitudes constituant la prévention ? En tout ceci le doute du *Discours* ne dépasse guère les conseils des *Regulae* : il se propose seulement de fonder une science certaine. C'est pourquoi Descartes n'insiste pas sur le temps qu'il y faut consacrer. Loin de constituer le doute en véritable moment, il le présente comme instantané : « aussitôt après, affirme en effet le *Discours*, je pris garde... ». Le doute ici ne dure pas, il laisse immédiatement la place à la certitude. Et la théorie des idées, qu'impliquerait un doute proprement métaphysique, ne sera pas, dans le *Discours*, plus élaborée qu'elle ne l'était dans les *Règles pour la direction de l'esprit*. L'idée est-elle une image des choses ? Est-elle elle-même une chose ? En quoi consiste la vérité ? Et qu'est-ce qui peut garantir la vérité de la science ? On chercherait en vain, dans le *Discours*, une réponse précise à de telles questions. La phrase même qui pourrait sembler les résoudre reste, dans le contexte, presque incompréhensible : « Nos idées ou notions étant des choses réelles, et qui viennent de Dieu en tout ce en quoi elles sont claires et distinctes, ne peuvent en cela être que vraies. » Certes, Descartes ne démentira jamais cette doctrine, selon laquelle la fausseté contient toujours du néant et ne peut donc, comme telle, avoir pour cause Dieu, et en procéder. Mais comment comprendre l'affirmation cartésienne et l'accorder avec l'existence de fait de l'erreur, avant que n'ait été précisé le statut de l'idée, et distinguée sa réalité matérielle de sa réalité objective ? Il n'est pas question de cela dans le *Discours*, et, selon nous, parce que de telles distinctions n'ont pas cours dans les sciences. Un physicien a une idée techniquement claire de ce qu'est le vrai et le faux, et conduit, selon cette idée, ses recherches ; mais il ne se demande jamais où il en est, métaphysiquement parlant. En 1637, Descartes procède ainsi.

Mais combien différent est le doute de la *Méditation première* ! Il doit, nous l'avons vu, se prolonger durant des mois, ou du moins des semaines. Et ce caractère temporel témoigne que nous avons quitté le plan d'un souci purement scientifique pour celui d'une quête d'un autre ordre, impliquant une véritable ascèse, une conversion de l'esprit, lequel s'engage tout entier dans la recherche d'un être qui se révélera bientôt comme étant, d'abord, son être. Le doute de la *Méditation première* diffère ainsi de celui du *Discours* par son objet. Il pose un problème ontologique, et met en cause, dès le départ, l'existence même du monde extérieur : il s'agit ici de savoir, comme le remarquera l'*Entretien avec Burman*, « si la chose existe ». Or, il est fort différent de se demander si la sensation nous renseigne exactement sur la nature de la chose, et si elle nous apprend que la chose existe. A la première question, Descartes répond non, et cette réponse, qui est celle du *Discours*, est réponse de physicien à une question de physicien. A la seconde question : le sensible nous révèle-t-il une existence ? la *Méditation sixième* répondra oui, et, de la sorte, le sensible, privé de toute valeur scientifique puisqu'il ne reproduit en rien la nature de l'objet, gardera sa fonction ontologique. Or, cette seconde question est bien celle que pose la *Méditation première* :

Descartes ne se demande pas ce qu'est le feu, ce que sont ses mains, ce qu'est son corps. Il doute d'être assis auprès du feu, et que ces mains et ce corps soient à lui. Un tel doute ne saurait offrir aucun intérêt scientifique. Un savant ne se demande pas s'il est ou non assis auprès du feu, ou si son corps lui appartient. Ce sont là questions proprement existentielles. Et c'est en quoi le doute de la *Méditation première* diffère fondamentalement d'un doute physicien, et même d'un doute sceptique, doutes qui, portant sur la nature de la chose, n'ont de sens que si la chose est considérée d'abord comme se maintenant, hors de nous, à titre d'*en soi*. Affirmer, en effet, avec certains sceptiques grecs, que la sensation est un absolu et qu'il n'y a rien derrière elle, c'est professer un dogmatisme de la sensation, et non, à proprement parler, le scepticisme. Pour que naisse le scepticisme, pour que me trouble l'argument célèbre selon lequel le vin, doux à la langue de l'homme sain, est amer à celle du malade, il faut que je réfère ces qualités contradictoires à un vin réel, demeurant hors de moi, et dont, désormais, je ne puis plus savoir s'il est amer ou doux. Et, de même, le physicien ne peut exercer sa critique du sensible qu'en opposant aux qualités la vraie nature d'un objet réel. Au contraire, l'argument du rêve, qui me fait douter si je veille ou si je dors, balaie à la fois les qualités sensibles et l'existence de la chose. Si, par exemple, je rêve que je me promène en une forêt, mon erreur n'est pas de croire que la forêt soit verte, elle est de penser qu'il y a une forêt, alors qu'il n'y en a point. Lorsque Descartes déclare : « Il me semble bien à présent que ce n'est pas avec des yeux endormis que je regarde ce papier », il ne se demande pas en physicien quelle est la nature du papier, mais en métaphysicien s'il existe ou non devant lui un morceau de papier. La question posée est proprement ontologique.

Par la suite, il est vrai, la Méditation change de niveau. Après avoir établi que la possibilité du rêve permet de douter qu'il existe un monde, Descartes note que, même si les objets sensibles n'existent pas, « ils ne peuvent être formés qu'à la ressemblance de quelque chose de réel et de véritable ». Et, après être passé de la considération de ses mains et de sa tête à celle de mains et de tête en général, il en vient finalement aux essences, à la figure, aux nombres, à la grandeur, à la nature corporelle, et, en un mot, aux principes mêmes de la science qu'il veut fonder. Or, pour caractériser cette science et souligner son caractère mathématique, Descartes semble la situer dans le plan de vérités hypothético-déductives. La mathématique ne traite que de « choses fort simples et fort générales, sans se mettre beaucoup en peine si elles sont dans la nature ou si elles n'y sont pas ». Il n'en est que plus caractéristique de voir alors Descartes, non pas analyser la structure de notre esprit et rechercher, comme le fera Kant, les conditions de telles connaissances, mais revenir aussitôt au problème ontologique par son hypothèse du Dieu trompeur. Il se demande si quelque Dieu ne l'abuse pas, et considère dès lors sa pensée comme une pensée existante, en contact possible avec une volonté qui pourrait le tromper. Et la suite du texte mêle sans cesse vérités existentielles et vérités essentielles, qui semblaient un instant avoir été séparées, Dieu pouvant avoir fait en sorte que j'aie le sentiment que les choses existent sans pour autant les avoir créées, et pouvant vouloir que je me trompe en mes opérations intellectuelles les plus simples, comme celle qui consiste à compter les côtés d'un carré.

Le doute des *Méditations* diffère, sur ce point encore, de celui du *Discours*. Quant à l'objet, il met en cause les fondements mêmes de la science cartésienne. Et, quant aux raisons de douter, il invoque un possible Dieu trompeur, puis un malin génie, que le *Discours* n'avait nullement supposés, et qu'en effet un souci limité aux sciences n'appelle en rien. Annonçant la doctrine de la véracité divine dont elle est l'envers, l'hypothèse du Dieu trompeur, loin de se situer à l'intérieur d'une recherche d'ordre scientifique, institue donc une critique de la science telle qu'elle peut apparaître à un homme ignorant Dieu, ou, plus généralement, ne se posant pas le problème du rapport de la vérité et de l'Être. Comme dans la théorie de la création des vérités éternelles, nous comprenons que toute idée finie implique seulement une existence contingente, et qu'elle ne saurait donc suffire à nous fournir la preuve de l'existence de la chose à laquelle elle répond. Notre connaissance se révèle telle qu'elle est en effet selon l'Être, à savoir comme une série d'images ou de représentations subjectives, et nous apercevons que rien ne nous garantit la correspondance entre l'ordre de la réalité et l'ordre de ces représentations. En une telle interrogation, en un tel doute, ce n'est plus, comme dans la science, la raison qui trouble le sensible, c'est l'idée même de l'Être qui vient troubler la raison. Dans la première partie de la Méditation, la raison intervenait encore. Car le doute résultait alors d'une comparaison entre la veille et le sommeil, et toute comparaison est raison, puisqu'elle est « mise en relation ». Mais, contre les essences, Descartes invoque seulement l'Être, tantôt l'Être d'un Dieu, qui peut tout, et peut donc me tromper, tantôt l'être de ma propre volonté qui, exaspérant sa défiance par l'hypothèse du malin génie, refuse de juger et tient pour faux tout ce qui se présente à elle. Dès lors, c'est le domaine tout entier de la science et de la représentation qui, du dehors, est mis en question. C'est la connaissance elle-même qui commence à être située par rapport à l'Être. Et c'est pourquoi la *Méditation première* n'est pleinement compréhensible qu'à partir de la théorie de la création des vérités éternelles. Certes, elle ne suppose pas explicitement cette théorie, et l'on ne peut dire non plus qu'elle en déduise des conséquences puisque la véritable pensée de l'infinie puissance du Dieu créateur fera nécessairement apparaître celui-ci comme véridique. Mais la démarche par laquelle Descartes s'est élevé en 1630 au Dieu créateur des vérités et celle de la *Méditation première* ne sont qu'une même démarche, parvenue à des degrés de clarté différents. Le Dieu « qui peut tout » de la *Méditation première* n'est autre que le Dieu créateur encore confusément aperçu, puisque encore supposé trompeur ; mais cette confusion et cette incertitude vont, cette fois, permettre d'apercevoir la source personnelle du dépassement, vers l'infini, de toute idée finie, source dont le *cogito* de la *Méditation seconde* sera l'affirmation. Et dans les deux cas l'expérience métaphysique se révèle comme expérience de l'insuffisance de toute essence comprise et finie. Il ne s'agit plus, comme dans le *Discours*, de distinguer, à l'intérieur de la connaissance, le vrai du faux. Il faut situer l'*intuitus* lui-même par rapport à l'Être, c'est-à-dire à la fois par rapport à Dieu et par rapport à moi. Dans les *Méditations*, Descartes cesse donc de penser en pur savant. Il ne se contente plus de prolonger ou de perfectionner une confiance spontanée, technicienne et première. Il réfléchit sur la science et, pour cela, sort de la science et la considère du dehors : il accède à une réflexion proprement métaphysique.

Ce changement de plan, cette réflexion, ce recul témoignent déjà que mon esprit est supérieur à tout ce qu'il connaît et peut connaître. Et telle est l'essentielle vérité du *cogito*, qui constitue le second moment de la métaphysique cartésienne et le premier maillon de la chaîne des vérités positives. « Je pris garde, lisons-nous dans le *Discours*, que, pendant que je voulais ainsi penser que tout était faux, il fallait nécessairement que moi qui le pensais fusse quelque chose ; et remarquant que cette vérité, je pense, donc je suis, était si ferme et si assurée que toutes les plus extravagantes suppositions des sceptiques n'étaient pas capables de l'ébranler, je jugeai que je pouvais la recevoir sans scrupule pour le premier principe de la philosophie que je cherchais. » L'affirmation de l'existence de ma propre pensée ne saurait, en effet, être suspendue par le doute, au même titre que les affirmations d'existence portant sur les objets. L'extériorité que j'attribue aux choses implique une sorte de distance entre la réalité affirmée et mon affirmation ; en fait, je me trouve seulement en face d'idées qui, représentant les choses, ne contiennent pas l'existence que j'affirme en jugeant leur objet réel. Mais dans le « je pense » la pensée est cela même qu'elle affirme. Comment ici le doute pourrait-il s'insinuer et se maintenir ?

Considéré de la sorte, le *cogito* ne semble cependant opposer au doute qu'une exception de fait. Le doute nous met en face de la pensée qui doute, comme d'une réalité qui ne peut être éliminée ; et l'impossibilité de l'élimination de cette réalité provient de la situation, absolument unique, que la pensée occupe par rapport au doute, puisqu'elle est le doute lui-même. Ainsi l'affirmation du « je pense » exprime mon incapacité, constatée plutôt que comprise, de porter un jugement contraire. Pourquoi, dès lors, dans le *Discours*, comme plus tard dans les *Principes*, le *cogito* se présente-t-il comme un raisonnement, et selon la célèbre formule : je pense, donc je suis ? Le « donc » ne témoigne-t-il pas qu'il y a ici conséquence discursive, et non simple intuition ? Dans la *Recherche de la Vérité*, Descartes semble accorder que le « je pense, donc je suis » est un raisonnement, et dans les *Principes* il parle de « conclusion ». Mais, dès lors, ne faut-il pas prendre en considération les objections que, dans ses *Instances*, Gassendi propose à Descartes, et voir dans le *cogito, ergo sum* un syllogisme privé de sa majeure, syllogisme dont l'énonciation complète serait : « Celui qui pense est, or je pense, donc je suis » ? Ainsi, le « je pense, donc je suis » ne serait plus le premier maillon de la chaîne, puisqu'il supposerait des vérités antérieures. Et ces vérités informulées étant admises sans examen, et sans avoir été soumises à l'épreuve du doute, on pourrait prétendre qu'elles ne sont que préjugés, et que tout le projet de Descartes est, de la sorte, ruiné.

Dans sa réponse aux *Instances*, Descartes nie que le *cogito, ergo sum* soit un syllogisme. Et dans les *Principes* il accepte cependant l'antériorité, sur son affirmation, de la proposition : « pour penser il faut être ». « Lorsque j'ai dit, écrit-il, que cette proposition : je pense, donc je suis, est la première et la plus certaine qui se présente à celui qui conduit ses pensées par ordre, je n'ai pas pour cela nié qu'il ne fallût savoir auparavant ce que c'est que pensée, certitude, existence, et que pour penser il faut être, et autres choses semblables » (*Principes*, I-10). Il importe donc de bien comprendre en quoi la position de Descartes n'implique, du moins à ses yeux, aucune contradiction. Et, tout d'abord, la vérité qui fonde le « je pense, donc je suis » n'est pas : « tout ce qui pense est », c'est-à-dire la majeure d'un syllogisme conceptuel pris en extension. Cette vérité, Descartes la formule en écrivant : « pour penser il faut être ». Elle n'est elle-même qu'un cas particulier du principe de substance, selon lequel « il est manifeste... que le néant n'a aucunes qualités ou propriétés qui lui soient affectées, et qu'où nous en apercevons quelques-unes, il se doit trouver nécessairement une chose ou substance dont elles dépendent » (*Principes*, I-11). Le *Discours* a-t-il le droit de postuler un tel principe ? Assurément, puisque le doute n'y a pas porté sur les vérités de raison, sur notre structure mentale, et sur ces notions qui, diront les *Principes*, sont « si simples que d'elles-mêmes elles ne nous font avoir la connaissance d'aucune chose qui existe » (I-10). Au reste, l'antériorité de telles notions est toute logique. Elles ne se révèlent qu'au sein d'expériences particulières, et, dans le cas présent, dans l'expérience du *cogito*. C'est pourquoi Descartes peut maintenir que le « je pense, donc je suis » n'est pas la conclusion d'un raisonnement discursif, et dénoncer dans sa réponse aux *Instances* l'erreur de Gassendi, selon lequel « la connaissance des propositions particulières doit toujours être déduite des universelles suivant l'ordre des syllogismes de la dialectique ». C'est, tout au contraire, au sein même des vérités particulières tombant sous notre intuition que se révèlent les vérités universelles : l'évidence irrécusable du « je pense, donc je suis » renvoie à la vérité du « pour penser il faut être » comme à son fondement *a priori*, à sa structure. Certes on peut toujours, après coup, reprendre un raisonnement sous forme syllogistique, et, après avoir trouvé les propositions générales, « en déduire d'autres particulières » *(ibid.)*. Mais, en réalité, c'est au sein du particulier que le *cogito* nous découvre le général : il se présente, au sens moderne, comme une véritable induction. Si donc les conditions de toute vérité déterminée sont, en droit, premières par rapport à cette vérité, c'est la saisie, par l'esprit, d'une vérité déterminée qui rend seule possible, en fait, la connaissance de ces conditions elles-mêmes.

Et tel est, à notre sens, l'intérêt de la formule du *Discours*. De cette formule, et du « donc » qu'elle contient, Descartes pourrait fort bien se passer, et la preuve en est que, précisément, dans la *Méditation seconde*, il s'en passe. Pourquoi donc l'emploie-t-il dans le *Discours* ? Et pourquoi la reprend-il dans les *Principes*, malgré les objections et les difficultés qu'elle lui a values ? Dans le *Discours*, il pose moins un problème ontologique qu'il ne cherche un critère de vérité scientifique. Or, le propre de la formule « je pense, donc je suis » est précisément que, énonçant un fait, elle laisse apparaître, au sein de ce fait, une liaison nécessaire. Nous passons ici de la nécessité particulière d'un événement faisant échec au doute à la nécessité universelle d'une vérité de droit, et d'un principe. Car ce n'est pas de la même façon qu'il est indubitable que je pense, que je suis, et que pour penser il faut être. Certes je pense et suis, mais je ne pense ni ne suis nécessairement ; il pourrait se faire que je ne pensasse pas, que je ne fusse pas et que, par exemple, je ne fusse jamais né. Mais le principe « pour penser il faut être » est d'une nécessité proprement rationnelle : je dois nécessairement exister si, en fait, je pense. Or, au moment du *Discours*, ce qui intéresse le plus Descartes, ce n'est pas le « je suis », ou même le « je pense », c'est la compréhen-

sion de cette vérité universelle, de cette liaison nécessaire selon laquelle on ne peut penser sans être. Le *Discours* est œuvre de logicien et de savant. Le « je pense, donc je suis » y apparaît donc avant tout comme la plus claire des vérités, comme l'exemple et le critère de toutes les autres vérités, comme la vérité enfin qui laisse apercevoir en elle la structure essentielle de toute vérité. « Après cela, écrit en effet Descartes, je considérai en général ce qui est requis à une proposition pour être vraie et certaine ; car puisque je venais d'en trouver une que je savais être telle, je pensai que je devais aussi savoir en quoi consiste cette certitude. Et ayant remarqué qu'il n'y a rien du tout en ceci, je pense, donc je suis, qui m'assure que je dis la vérité, sinon que je vois très clairement que, pour penser, il faut être, je jugeai que je pouvais prendre pour règle générale que les choses que nous concevons fort clairement et fort distinctement sont toutes vraies, mais qu'il y a seulement quelque difficulté à bien remarquer quelles sont celles que nous concevons distinctement. » La démarche est, en ceci, analogue à celle des *Regulae* : l'exemple tient lieu de fondement, et l'on se contente d'étendre à d'autres cas la garantie d'une évidence qui, se révélant au sein d'une expérience privilégiée, est admise, dès l'abord, pour pleinement valable. Comme dans ses premiers travaux, Descartes généralise purement et simplement une certitude de type mathématique. Dès lors, on ne saurait clairement comprendre pourquoi il choisit, comme vérité première, le « je pense, donc je suis », plutôt qu'une autre évidence rationnelle. Rien ne m'assure de la vérité du « je pense, donc je suis », dit Descartes, « sinon que je vois très clairement que pour penser il faut être ». Or le paragraphe 49 de la première partie des *Principes* citera l'évidence selon laquelle « celui qui pense ne peut manquer d'être ou d'exister pendant qu'il pense », parmi diverses « notions communes » telles que : « on ne saurait faire quelque chose de rien », ou : « il est impossible qu'une chose soit et ne soit pas en même temps ». D'autres « principes » auraient donc été aussi clairs que le « je pense, donc je suis ». C'est pourquoi la métaphysique du *Discours* paraît souvent arbitraire et parfois incertaine. Par exemple, ne posant pas le problème de la correspondance de l'idée et du réel, elle conclut trop vite de la séparation de l'idée d'âme et de l'idée de corps à la séparation réelle de l'âme et du corps (conclusion qui, Descartes le reconnaîtra plus tard, suppose la véracité divine) ; elle confond raisonnement bref et intuition, ne se défie du raisonnement que s'il met en jeu la mémoire, et ne met pas en question la valeur de l'idée actuelle. En tout ceci, Descartes raisonne en savant, en mathématicien, selon les procédés d'une méthode qui, partant d'idées, parvient à des conclusions relatives aux objets de ces idées, sans se demander vraiment si elle a, ou non, le droit d'en user ainsi. Car la science cartésienne trouve dans sa propre évidence le critère de sa valeur, et la seule difficulté logique qu'elle rencontre est, selon la formule du *Discours*, de distinguer entre les diverses idées « quelles sont celles que nous concevons distinctement ».

Le problème des *Méditations* est différent. Il est ontologique : Descartes cherche, en philosophe, à atteindre un être. Il ne s'agit plus pour lui de distinguer le vrai du faux dans le prolongement non critiqué des mathématiques ou de la physique, mais de mettre en question la science elle-même, en se demandant si quelque chose de réel et d'existant répond à ses notions. Bien qu'autrement rigoureux que celui du *Discours*, le doute des *Méditations* ne porte pas proprement sur la nécessité interne des affirmations hypothético-déductives, sur les liaisons *a priori*, et c'est pourquoi, dans les *Principes*, la forme discursive du « je pense, donc je suis », qui suppose la valeur de telles liaisons, pourra être reprise. Si les *Méditations* mettent en cause les structures de notre pensée, c'est seulement en se demandant si l'être répond ou non à ces structures. Aussi, contrairement à ce qui aura lieu chez Kant et dans beaucoup de philosophies post-kantiennes, le primat appartiendra-t-il toujours chez Descartes à l'Être, et non à un esprit informant l'Être ou donnant aux choses un sens d'être. Et c'est d'abord comme être, et comme substance, que le sujet connaissant lui-même se révélera. Les *Méditations* posent la question : Qu'est-ce qui est, et de quelle existence suis-je certain ? Et, dans la *Méditation seconde*, Descartes répond : Je ne suis pas certain de l'existence du Monde extérieur, puisque le rêve m'en apporte l'illusion, mais je suis absolument certain de ma propre existence. Ainsi, la recherche cartésienne s'effectue par rapport à un être d'abord pressenti, et qu'il s'agit seulement d'atteindre. Si, en effet, l'objet n'était d'abord supposé comme chose, le doute n'aurait aucun sens : c'est ma croyance, fondamentale et première, dans le caractère réel du Monde qui est ici analysée et mise en question. En ce qui concerne les objets, la réalité se confond avec l'extériorité. Dire qu'une chose existe, c'est dire qu'elle existe hors de moi (si, en effet, elle n'existait qu'en moi, elle serait une image de rêve). Or, la *Méditation première* a établi que nulle réalité extérieure ne peut être atteinte avec certitude : je ne suis jamais que devant une impression d'extériorité, impression qui peut être illusoire, comme en témoignent nos songes. La réalité des choses m'échappe donc. Il en est autrement dans le cas de ma propre réalité : elle n'est pas liée à l'extériorité, elle ne fait qu'un avec moi-même, et c'est pourquoi, dans l'ordre ontologique, le *cogito* et le *sum* peuvent et doivent être d'abord affirmés (ce qui, dans l'ordre scientifique du *Discours*, ne se justifiait guère, d'autres exemples d'évidence pouvant être choisis). Et les *Méditations*, au lieu d'user d'une apparence de raisonnement et de partir, comme le *Discours*, du *cogito* pour aller au *sum*, bannissent le « donc », et même, à l'origine, le « je pense » ; à la question ontologique qu'elles posent, elles apportent dès l'abord la réponse ontologique : « Je suis. » « Je me suis persuadé, écrit Descartes, qu'il n'y avait rien du tout dans le monde... j'étais sans doute si je me suis persuadé... » « Mais il y a un je ne sais quel trompeur... Il n'y a donc point de doute que je suis, s'il me trompe... » « De sorte qu'après y avoir bien pensé, et avoir soigneusement examiné toutes choses, enfin il faut conclure et tenir pour constant que cette proposition : je suis, j'existe, est nécessairement vraie, toutes les fois que je la prononce, ou que je la conçois en mon esprit. »

Et sans doute, en tout ceci, l'existence n'est-elle affirmée qu'en fonction de ma pensée. Je suis certain d'être parce que je suis certain de penser, et l'évidence de mon existence résulte de l'impossibilité où est mon esprit d'être divisé et, par suite, détaché de lui-même. En vain le P. Bourdin essaie-t-il, dans les *Septièmes Objections*, d'introduire au sein du « je pense » une possibilité d'illusion, un risque d'erreur. Peut-être, dit-il à Descartes, rêvez-vous que vous pensez, au lieu de penser vraiment. Pourquoi l'argument du rêve ne s'appliquerait-il pas au « je pense » ? Et comment affirmer avec certitude « je doute », alors que cette affirmation même fait cesser le doute ? Ne serait-il pas plus exact de dire : je doutais à l'instant qui précéda immédiatement mon affirmation ? Mais alors le malin génie est encore à craindre : peut-être me persuade-t-il que je doutais alors que je ne doutais pas. Le « je pense » est-il vraiment présent à soi, et une rigoureuse méthode ne devrait-elle pas substituer, au « je pense », un « je pense que je pense », puis un « je pense que je pense que je pense », et ainsi à l'infini ? De telles objections seraient valables si l'on admettait, comme le font de nombreux commentateurs, que l'affirmation de Descartes porte sur une pensée qualifiée. Mais elles tombent si l'on aperçoit, du point de vue de l'existence, l'identité entre penser, penser que l'on pense, rêver que l'on pense, etc. : tout cela est encore penser. Descartes refuse donc de distinguer la pensée pensante et la pensée pensée. Il affirme l'unité absolue de la pensée et de la réflexion sur cette pensée. « La pensée par laquelle nous apercevons quelque chose, écrit-il (AT-VII-559), ne diffère pas » de celle « par laquelle nous apercevons que nous l'avons déjà auparavant aperçue. » Car la pensée est conscience de soi, et la conscience ne peut, par la réflexion, être séparée de soi comme, dans le doute, elle s'est séparée de l'objet. L'acte de réflexion sur la conscience n'est pas distinct de la conscience même qu'il constate : il l'isole de tout ce qui n'est pas elle, mais il ne la divise pas. La certitude que la pensée a de soi est donc totale et ne peut être ébranlée. Et il faut bien admettre en ceci que le *cogito* n'est pas connu par une idée semblable aux autres. Le propre de toute idée est de représenter un être qui n'est pas elle, et c'est pourquoi je puis toujours mettre en doute son objet. Mais le *cogito* manifeste, de façon directe, quelque présence de l'être à ma pensée : l'idée qui me fait connaître que je pense et ma pensée ne sont qu'une seule et même chose, en sorte que l'idée que j'ai de ma pensée est moins l'idée de ma pensée que l'être même de cette pensée.

Il ne faudrait pas croire, cependant, que Descartes réduise l'être de la pensée à la nature de la pensée elle-même, et, selon son langage, la substance à son attribut essentiel. Certes, beaucoup de commentateurs, ne voulant comprendre Descartes que selon les exigences d'un idéalisme post-kantien, dont, selon les cas, ils lui font reproche ou mérite, assimilent le « je suis » au « je pense », déclarent qu'il n'y a rien de plus dans l'être de la pensée que cette pensée elle-même, voient dans le *cogito* l'affirmation du primat de l'entendement en général, et raisonnent comme si Descartes avait écrit *cogitatur*, ou *est cogitatio*, voire : *est intellectus*. Or, Descartes ne dit pas cela, et ne consent même pas à écrire *sum cogitatio*. Sa formule, sans cesse reprise, est : *sum res cogitans*, « je suis une chose qui pense ». *Res*, cela va sans dire, ne signifie pas ici chose matérielle. Mais *res* signifie être, substance, et l'on ne saurait prétendre qu'un tel être se réduise à la nature de la *cogitatio*, ni, à plus forte raison, à un *intellectus*, ou à une *ratio*. « Où j'ai dit », lit-on en effet dans les *Réponses* à Hobbes, « c'est-à-dire un esprit, une âme, un entendement, une raison, je n'ai point entendu par ces noms les seules facultés, mais les choses douées de la faculté de penser... Et je ne dis pas que l'intellection et la chose qui entend soient une même chose, non pas même la chose qui entend et l'entendement... il est certain que la pensée ne peut être sans une chose qui pense, et en général aucun accident ou aucun acte ne peut être sans une substance de laquelle il soit l'acte ». Et Descartes va jusqu'à employer, pour désigner ce sujet de l'acte, l'expression « matière métaphysique ». Il n'est donc pas douteux que l'affirmation de la *Méditation seconde* soit, avant tout, celle d'un « je suis », et que cette affirmation précède, en fait, toute autre affirmation. L'être pensant, avant même de comprendre qu'il n'est certain d'être que comme pensée, se saisit purement comme être, et sa première connaissance formulée est non pas « je pense », mais « je suis, j'existe ». Je suis certain d'être avant de savoir ce que je suis.

La *Méditation seconde*, il est vrai, sera consacrée tout entière à l'analyse de ce « je suis », à la purification de son affirmation initiale, à l'élimination de tout ce qui, en elle, demeure incertain. Ne peut-on prétendre dès lors que ce qu'elle isole ainsi soit en fin de compte un entendement pouvant apparaître comme la condition de toute représentation ? Après avoir affirmé un « je suis », Descartes ne découvre-t-il pas qu'il n'avait en réalité le droit d'affirmer qu'un « je pense », ou même un « je conçois » ou un « je comprends » ? Il n'en est rien, et c'est bien, jusqu'à la fin de la *Méditation seconde*, l'affirmation : « Je suis un être pensant », c'est-à-dire une âme, que Descartes maintiendra. Après avoir découvert qu'il est, Descartes remarque qu'il ne sait pas encore ce qu'il est. Il faut donc, écrit-il, « que je prenne soigneusement garde de ne prendre pas imprudemment quelque autre chose pour moi ». Suis-je, selon la définition de l'École, un animal raisonnable ? Cette hypothèse, qui me renverrait de définition en définition, et laisserait se perdre l'évidence intuitive qui m'a révélé mon existence, est aussitôt éliminée. L'analyse rejette ensuite l'affirmation de mon corps, aussi douteux que les corps extérieurs, et les conceptions scolastiques de l'âme lui attribuant des fonctions sensitives ou motrices : conceptions n'ayant elles-mêmes de sens que par quelque supposition du corps et de son union avec l'âme. Descartes comprend ainsi que, de tous les attributs qu'il croyait auparavant posséder, un seul ne peut être détaché de lui : c'est la pensée, *cogitatio*. « *Haec sola a me divelli nequit*[1]. » Mais il procède en soumettant au doute ses anciennes opinions, en se demandant s'il a estimé à bon droit être ceci ou cela. Son analyse suppose donc la certitude préalable, et une fois pour toutes acquise, du « je suis ». Affirmant qu'il est, mais doutant de ce qu'il est, Descartes cherche, en passant en revue les attributs possibles de son être, à déterminer ceux qu'il en peut, et ceux qu'il n'en peut pas détacher. Seule la pensée résiste à cette épreuve : seule elle se révèle comme ne pouvant être séparée de moi. Descartes ne nie pas pour autant que d'autres choses que la pensée puissent appartenir à son être. Cela, il n'en sait rien. Mais ce dont il est désormais certain, c'est d'être « une chose qui pense ». Loin de se confondre avec l'être ou d'apparaître comme sa condition, la pensée est ici attribuée à l'être : elle n'est que sa qualité, et il est même possible qu'elle ne soit que l'une de ses qualités.

Une chose qui pense, qu'est-ce à dire cependant ? « C'est-à-dire une chose qui doute, qui conçoit, qui affirme, qui nie, qui veut, qui ne veut pas, qui imagine aussi et qui sent. » La pensée comprend, selon Descartes, non le seul entendement, mais la volonté, et même l'imagination et le sentiment. Elle se confond avec la totalité de ma conscience psychologique. Certes, il faut ici bien s'entendre. Imagination et sentiment sont incertains, donc rejetés, si l'on comprend en leur notion l'idée de notre corps, qui

1. « Seule cette chose ne peut être détachée de moi. »

est peut-être leur cause, et l'idée des objets matériels qu'ils nous représentent. Si l'on appelle voir : voir avec les yeux, et sentir : avoir conscience d'une chose extérieure réelle, il est clair que je ne puis affirmer que je sens et que je vois. Mais si l'on entend par sentir et par voir la conscience même que j'ai de sentir et de voir, alors il n'est plus douteux que la sensation et la vision m'appartiennent. Comme purs états de conscience, jamais l'imagination et la sensation ne sont donc mises en doute par Descartes. La *Méditation seconde* ne contient aucune épuration de la conscience psychologique comme telle. L'*ego* du *cogito* y réalise au contraire l'unité de la volonté, de l'imagination et de l'entendement. Comment, du reste, en serait-il autrement, si la volonté fut la racine même du doute dont le *cogito* n'est que la prise de conscience et l'affirmation, et si entendement, imagination, sensation sont nécessaires pour soutenir et contenir maintenant la totalité des représentations devenues problématiques par l'arrêt de cette volonté même qui, en ses jugements prévenus et précipités, les attribuait auparavant aux choses ? L'analyse dite « du morceau de cire » qui, à la fin de la *Méditation seconde*, hiérarchise le *cogito* et découvre l'inspection de l'esprit à la racine de toute affirmation relative aux corps, n'y change rien. Car cette analyse est entreprise pour s'opposer à la tendance qui me porte à croire « que les choses corporelles, dont les images se forment par ma pensée, et qui tombent sous les sens », sont « plus distinctement connues que cette je ne sais quelle partie de moi-même qui ne tombe point sous l'imagination ». Descartes décide donc de relâcher « encore une fois la bride » à un esprit qui croit toujours à l'extériorité, et reprenant, par une autre voie, les démarches de la *Méditation première*, de le ramener à la découverte de soi. Si donc la *Méditation seconde* précise que la perception de la cire n'a pas été vision, ou imagination, c'est dans la mesure où la vision suppose des yeux et l'imagination le corps. A cette vision, à cette imagination, Descartes oppose la faculté de juger, et la *mentis inspectio*. Mais, dès la fin de son analyse, il assimile de nouveau le *mens* à l'*ego*. Car, écrit-il, « que dirai-je de cet esprit, c'est-à-dire de moi-même ? » Et « me voici insensiblement revenu où je voulais ». Ainsi, après avoir été tenté de succomber à l'extériorité, il « revient » à ce moi dont toute la *Méditation seconde* fut l'affirmation, moi-substance dont la pensée en général *(cogitatio)* est l'attribut essentiel, et dont entendement, volonté, imagination et sensation sont les modes. C'est à l'être de ce moi, et non à l'entendement, comme on l'a parfois prétendu, qu'appartient chez Descartes le véritable primat, ce pourquoi la lettre à Regius de mai 1641 peut affirmer que volition et intellection « diffèrent seulement comme l'action et la passion d'une même substance ».

Voudra-t-on cependant prétendre qu'on ne voit guère quelle lumière l'affirmation de ce moi personnel peut apporter au projet essentiel de Descartes, qui est de déterminer la valeur de la connaissance ? Bien au contraire, c'est sur le caractère personnel et fini du moi que va reposer maintenant toute la dialectique qui nous permettra de nous élever à Dieu, puis de conclure que Dieu est véridique, et nos idées claires vraies. Avant le doute, j'avais l'impression que les idées venaient des choses. A la fin de la *Méditation première*, je ne sais plus quelle est leur source, et quel être elles signifient : je ne suis qu'une volonté pure, qui résiste au supposé malin génie et suspend tout jugement. Or, la *Méditation seconde* a précisément pour fonction de fournir, à toutes ces idées, privées de fondement par le doute, un support ontologique, support qu'en un sens elles conserveront toujours. Les idées sont d'étoffe mentale. Elles sont des états de mon âme. Et si je ne puis être certain qu'elles répondent à quelque chose d'extérieur à moi, je sais, en revanche, qu'elles sont mes idées, qu'elles m'appartiennent à titre d'états de conscience. Pour Malebranche, les idées seront aperçues en Dieu. Selon Descartes, le support ontologique de leur réalité matérielle est le moi, ce qui rend possible l'affirmation de leur innéité. Ainsi le monde problématique des sensations, des images, des idées, coupé de l'extériorité par le doute, est, par le *cogito* et par le *sum*, rattaché au moi comme à la seule substance, et l'unité ontologique de l'inspiration des *Méditations* se maintient. Descartes recherche l'être, et ne doute pas qu'il y ait de l'être : dès que le soutien de celui du monde leur est enlevé, les idées doivent donc apparaître comme des modes de l'être de mon moi. Et sans doute seront-elles ensuite fondées, rattachées à Dieu. Mais, considérées dans leur réalité propre et, comme le dit Descartes, formelle (réalité qu'il ne faut pas confondre avec la réalité formelle des choses qu'elles représentent), les idées seront toujours tenues pour des modes de mon moi. L'être des idées, c'est moi-même. Le *cogito* des *Méditations* diffère donc profondément de celui du *Discours de la Méthode*. Dans le *Discours*, comme dans les *Regulae*, le *cogito* est une idée plus évidente que les autres, donc leur servant de modèle. Dans les *Méditations*, le *cogito*, ou plutôt le *sum*, est le sujet et l'être de toutes les idées. Et il ne l'est pas seulement en tant qu'entendement, mais en tant que moi fini : les preuves de l'existence de Dieu reposeront précisément sur la constatation et la conscience de cette finitude, conscience elle-même inséparable de celle du désir, du doute, de l'insatisfaction. Ainsi l'*ego* affirmé dans la *Méditation seconde* n'est ni une idée parmi les autres, ni un « ich denke[1] » kantien. Il est mon être propre et ne laisse rien perdre de toutes les richesses de ma conscience, de toute la complexité de l'expérience de ma propre présence à moi-même.

C'est pourquoi, dès le début de la *Méditation troisième*, au thème du *cogito* succède celui de la solitude du *cogito*. Le moi pensant est seul, ignore s'il y a des choses, s'il existe un monde extérieur à lui et différent de lui. Le

1. « Je pense. »

doute, prolongé et maintenu, arrête et contrarie sa tendance naturelle à viser l'objet, et suspend ainsi sa connaissance tout entière. Pourtant le moi appelle un être extérieur à lui, et a besoin de cet être, toutes les idées, dont il est maintenant l'unique support ontologique, étant renvoi à l'extériorité. Descartes examine donc, non plus, comme dans l'analyse du morceau de cire, ses jugements, mais ses idées, et les considère dans leur réalité objective, c'est-à-dire dans leur contenu représentatif, et à titre de signes possibles de quelque extériorité ontologique. Après le doute, l'entendement apparaît encore comme passif. Il s'agit donc d'expliquer ce caractère, de découvrir si l'entendement est réceptif par rapport au moi lui-même, qui, en effet, pourrait être le créateur de ses propres idées, ou s'il perçoit une extériorité réelle. Et Descartes décide de dénombrer ses idées, de considérer avec attention chacune d'entre elles, dans l'espoir d'en trouver une dont il ne saurait lui-même être cause, idée qui, cette fois, pourrait être prise pour le signe authentique de ma passivité devant un être autre que le mien.

L'unité d'inspiration des *Méditations* est, en ceci, strictement maintenue. Il ne s'agit en rien d'opérer une sorte d'analyse transcendantale, et de fonder la vérité de la science dans le domaine de la pure relation. La recherche est toujours celle de l'Être. La *Méditation seconde* a découvert mon être, établi que la réalité formelle des idées elles-mêmes, se confondant avec leur réalité matérielle ou psychologique, n'avait d'autre substance que la mienne. Mais les idées ne sont pas seulement des modes de mon moi. Elles représentent des objets, et, en ce sens, elles diffèrent entre elles. Il ne suffit donc pas d'avoir expliqué mes idées dans leur réalité formelle, en y voyant seulement des états du moi pensant, en affirmant qu'elles sont d'étoffe mentale. Il faut encore expliquer les idées quant à leur contenu, et comprendre qu'elles requièrent des causes diverses en ce qu'elles ont des contenus différents. Il faut également rendre compte de la passivité que, même réduit à soi, mon esprit continue d'éprouver devant leur essence ; car les essences s'imposent à moi, et il est clair, par exemple, que, tout jugement d'existence étant suspendu, je dois attribuer cependant à l'idée du triangle ou à celle du cercle les propriétés qui leur appartiennent. Comme modes du moi, les idées sont toutes semblables ; or elles diffèrent. Comme modes du moi, les idées ne devraient exercer sur ma liberté aucune contrainte ; or elles lui imposent leur structure. Les idées semblent donc requérir une autre cause que le moi. Et Descartes, qui n'est encore assuré que d'une seule réalité ontologique, celle de son moi, se met en quête, à partir de ses idées, d'un autre être que le sien, pouvant être cause de ces idées elles-mêmes. Mais sa recherche échoue d'abord, et, au début de la *Méditation troisième*, il est sans cesse ramené, par une sorte de mouvement de reflux, vers son moi. Car rien ne prouve que, même considérée en sa réalité objective, l'idée ne soit pas causée par le moi. N'ai-je pas, dans le rêve, l'expérience de représentations qui s'imposent à ma liberté et diffèrent entre elles, et qui, pourtant, sont de toute évidence produites par moi-même ? Pourrai-je donc sortir jamais de la solitude du *cogito*, et voir se révéler à moi un Être tel que ma connaissance, jusque-là suspendue au seul « je pense », puisse être rattachée à lui, et, de subjective qu'elle était, apparaître tout à coup comme objective et fondée en vérité ?

Une telle question demeure strictement ontologique. Établir la vérité de ma connaissance, de mes idées, c'est, pour Descartes, les rattacher à un être autre que le mien, être du monde qu'elles représentent, ou Être de Dieu qui les aurait causées et qui, étant aussi le principe de la création de toutes les autres choses, serait le parfait garant de leur objectivité. Tenir les idées pour des modes de mon moi, c'est considérer ma science comme fausse, affirmer que, lorsque je crois savoir, je ne suis, comme dans le rêve, qu'en face de moi-même. Tel fut le point de vue des deux premières *Méditations*. Mais substituer, à titre de principe, Dieu à moi, serait au contraire fonder ma connaissance. Est-il donc possible de sortir de moi ? Tout chemin direct vers le monde semble coupé. Devant l'idée d'un arbre, d'un ange ou d'un homme, je puis toujours me demander si, de cette idée, je ne suis pas la cause. Le rêve m'offre l'exemple de telles productions. Mais le chemin qui conduit à Dieu reste ouvert. Car je ne puis réduire à moi-même l'idée de Dieu, idée « d'une substance infinie, éternelle, immuable, indépendante, toute-connaissante, toute-puissante ». La réalité objective de cette idée dépasse ma réalité formelle : je n'en puis donc être cause. Le principe de causalité qu'invoque ici Descartes est logico-ontologique. Il diffère tout à fait de celui dont usera Kant, synthétique et reliant les seuls phénomènes. Pour Descartes, de même qu'il est clair, selon le principe de substance, que le néant ne peut avoir aucune propriété, de même il est évident, selon le principe de causalité, qu'il ne peut y avoir plus de réalité dans l'effet que dans sa cause. Car une réalité supplémentaire, présente dans l'effet et absente dans la cause, ne serait causée par rien, aurait pour cause le néant, ce qui est l'absurdité même. Dès lors, si je pense à Dieu, je lui trouve des « avantages... si grands et si éminents que plus attentivement je les considère, et moins je me persuade que l'idée que j'en ai puisse tirer son origine de moi seul. Et par conséquent il faut nécessairement conclure de tout ce que j'ai dit auparavant que Dieu existe ; car, encore que l'idée de la substance soit en moi, de cela même que je suis une substance, je n'aurai pas néanmoins l'idée d'une substance infinie, moi qui suis un être fini, si elle n'avait été mise en moi par quelque substance qui fût véritablement infinie ». Le moi, qui possède une réalité formelle finie, ne peut être la cause d'une idée ayant une réalité objective infinie, c'est-à-dire le dépassant. Car la réalité objective suppose toujours quelque déchéance par rapport à la réalité formelle. La réalité formelle d'une chose est toujours supérieure à la réalité objective de son idée, c'est-à-dire à la façon dont la chose est en moi. Il peut y avoir plus de réalité dans la cause de l'idée que dans l'idée elle-même ; mais il ne peut y en avoir moins. La cause de l'idée de Dieu ne peut donc être que Dieu.

A cette preuve par la causalité de l'idée, Descartes ajoute deux arguments, invoquant Dieu comme cause du moi lui-même. Je m'aperçois comme fini, comme contingent : il est donc clair que je ne me suis pas créé et que, comme le diront les *Principes*, « ce qui connaît quelque chose de plus parfait que soi ne s'est point donné l'être ». La doctrine de la création continuée permet de reprendre, avec encore plus de force, un tel raisonnement, une telle expérience. Le temps est discontinu. Si donc j'étais cause de moi, c'est maintenant que je me donnerais l'être, et que j'aurais conscience de me le donner. L'évidence selon laquelle tout être fini requiert le concours incessant de Dieu trouve ici le seul point d'application ontologique qu'elle puisse recevoir, puisque je ne connais encore qu'un seul être fini, à savoir moi-même. Mais la considération du temps ne fait que rendre plus claire la nécessité d'avoir recours à Dieu pour expliquer mon existence, ce pourquoi les *Principes* ne distingueront plus le second et le troisième argument. Restent donc deux preuves : en l'une, qui pourrait sembler idéaliste, Dieu apparaît comme la cause de son idée ; en l'autre, il est découvert comme cause de moi : cette seconde preuve sera tenue par Kant pour un cas particulier de la preuve *a contingentia mundi*, et, de fait, elle semble bien être invoquée par Descartes pour rendre sa démarche plus compréhensible aux thomistes, à savoir, diront les *Secondes Réponses*, à « ceux dont la lumière naturelle est si faible qu'ils ne voient pas que c'est une première notion que toute la perfection qui est objectivement dans une idée doit être réellement dans quelqu'une de ses causes ». Et, en effet, pour un thomiste (ainsi qu'en témoigne Caterus, auteur des *Premières Objections*) on ne saurait s'élever à Dieu à titre de cause d'une simple idée.

« J'ai demandé, écrit pourtant Descartes dans les *Premières Réponses*, savoir si je pourrais être en cas que Dieu ne fût point, non tant pour apporter une raison différente de la précédente que pour expliquer la même plus exactement. » Ainsi les deux preuves s'unissent : il n'y a, en réalité, dans la *Méditation troisième*, qu'un argument. Et cette unité des preuves présentées éclaire à la fois la nature de l'idée de Dieu et celle du moi, met en lumière leur identité profonde, et permet de comprendre comment Descartes peut, sans se contredire, changer de point d'appui, faire reposer sur Dieu une connaissance qui, d'abord, n'était qu'un état du « je pense ». Il n'y a pas là rupture, mais approfondissement . En effet, la preuve cartésienne par la causalité de l'idée suppose l'affirmation ontologique du moi comme être fini. Elle n'aurait aucun sens si le *cogito* renvoyait à l'entendement humain en général. Elle met en cause l'expérience psychologique d'un moi existant, doutant, désirant, ne possédant pas ce qu'il veut : seule cette expérience me révèle ma finitude ; or, si je ne savais pas que je suis fini, je ne pourrais assurément pas conclure que je ne puis être la cause de l'idée de Dieu. Mais d'autre part l'argument qui invoque Dieu comme cause du moi suppose l'idée de Dieu et sa présence au sein de ma conscience. Si je me considérais seulement comme un être fini, je pourrais fort bien m'expliquer à partir d'autres êtres finis : ainsi, remarque Descartes lui-même, par mes parents. Le moi qui ne peut s'expliquer par des êtres finis, ce n'est pas le moi fini, c'est le moi qui se connaît comme fini, ce qui est tout différent. Je ne me connais comme fini que parce que « j'ai en quelque façon premièrement en moi la notion de l'infini, que du fini, c'est-à-dire de Dieu, que de moi-même. Car comment serait-il possible que je puisse connaître que je doute et que je désire, c'est-à-dire qu'il me manque quelque chose et que je ne suis pas tout parfait, si je n'avais en moi aucune idée d'un être plus parfait que le mien, par la comparaison duquel je connaîtrais les défauts de ma nature » ? Ainsi le *cogito*, après avoir renvoyé à son propre être dans le « je pense, donc je suis », apparaît comme renvoi à l'Être de Dieu. Son propre approfondissement révèle que la conscience de la finitude est, en son fond, conscience de l'infini. En sorte que le renversement qui nous permet de passer de « je pense » à « Dieu est » n'est qu'apparent.

En vérité, qu'il s'agisse de la théorie de la création des vérités éternelles, qu'il s'agisse du doute ou du *cogito*, une même structure, une même démarche se révèlent. Le fini ne peut être pensé que sur fond d'infini. Toute pensée de la finitude se dépasse vers Dieu et découvre l'idée de Dieu comme sa condition première et déjà présente. Ce n'est pas le fini comme tel qui suppose l'infini : c'est la conscience du fini, ou, si l'on préfère, c'est la conscience tout court, c'est le *cogito*, c'est l'homme. Aussi, après avoir remarqué qu'« on ne doit pas trouver étrange que Dieu, en me créant, ait mis en moi » son « idée pour être comme la marque de l'ouvrier empreinte sur son ouvrage », Descartes ajoute-t-il : « Et il n'est pas aussi nécessaire que cette marque soit quelque chose de différent de ce même ouvrage. » Ce qui revient à dire que l'idée de Dieu n'est pas en moi, mais que je suis l'idée de Dieu. C'est donc parce que l'homme est idée de Dieu que Descartes a pu, en 1630, énoncer la théorie de la création des vérités éternelles, c'est-à-dire dépasser, vers l'infini, toute finitude, et apercevoir comme contingentes les vérités mêmes qui forment la nécessaire structure de sa raison. C'est parce que l'homme est idée de Dieu que Descartes a pu, par le doute, dépasser et nier le monde des choses, puis, prenant réflexivement conscience de ce dépassement même, affirmer le *cogito*. Et c'est parce que l'homme est idée de Dieu que Descartes peut à présent fonder sa connaissance : la conscience de ma finitude et celle de Dieu ne sont qu'une seule et même conscience, dont Dieu et le moi sont les deux pôles successivement affirmés. L'homme n'est pas un animal, un être fini ordinaire, il est un être qui se sait fini et, par là, il est, sur terre, le signe de Dieu. Sa conscience lui permet de retrouver l'Être comme condition de toute pensée, et donc, après avoir rattaché un instant sa connaissance à l'être de son moi, qui est un milieu entre l'être et le néant, de la rattacher à Dieu, qui seul est véritablement Être. Ainsi se retrouve fondée la vérité des idées : comme Descartes l'écrira à Clerselier le 23 avril 1649, « l'idée de l'infini, comprenant tout l'être, comprend tout ce qu'il y a de vrai dans les choses ».

Dans les *Regulae*, toutes les vérités étaient de même plan. L'affirmation « j'existe, je pense » était tenue pour analogue à des vérités telles que : un triangle est terminé par trois lignes, ou : une sphère est limitée par une surface continue. Rien n'était fondé, ni fondement. Lors des *Méditations*, au contraire, il est clair que les idées métaphysiques et les idées scientifiques ne sont pas considérées comme étant de même nature. Les premières fondent les secondes, et cela parce qu'en elles l'Être même se révèle comme présent à la conscience. Indéfinissable, ne pouvant être cerné à la façon d'une notion de type mathématique ou objectif, « touché » par l'esprit et, comme Descartes le dit de Dieu, « conçu et non compris », l'être se révèle au sein d'une expérience irrécusable à qui veut penser ses propres idées jusqu'à leur condition et leur fondement. Car on ne peut penser à rien sans penser en même temps à notre esprit qui pense, et on ne peut penser à notre esprit fini sans penser à Dieu. La métaphysique de Descartes n'est que la prise de conscience réfléchie de notre exigence ontologique, et de la nécessité qui conduit à la découverte de l'Être un esprit désireux de ne rien négliger de ses propres pensées ; c'est pourquoi elle se borne à la découverte du *cogito*, de Dieu, et de leur intime rapport. Elle rattache toute idée objective à ces deux êtres que sont le moi et Dieu, ce qui revient à douter d'abord du monde pour ensuite le mieux fonder.

Faut-il, cependant, étendre de telles analyses à la preuve que Descartes donne de Dieu en la *Méditation cinquième*, preuve connue depuis Kant sous le nom de preuve ontologique, et où Dieu est démontré *a priori* à partir de son idée et, semble-t-il, par un procédé conceptuel analogue aux procédés mathématiques ? Il y a en nous une idée de Dieu comme être infini et parfait. Or, de même que, de l'idée du triangle, on peut déduire que la somme de ses angles est égale à deux droits, et cela, bien entendu, sans supposer à l'avance qu'il existe un triangle, de même, de la seule idée de l'être souverainement parfait, c'est-à-dire possédant toutes les qualités positives, on peut déduire que Dieu est. Car si Dieu ne possédait pas l'existence, il lui manquerait une perfection, ce qui est contraire à sa définition même. Une telle preuve, il le faut avouer, ne paraît pas se borner, comme les autres, à révéler au sein d'une sorte d'expérience ontologique un être déjà présent. Elle semble, à la façon des mathématiques, supposer que l'on puisse raisonner sur une essence avec vérité avant de savoir si son objet existe. Elle paraît admettre, comme le lui reprochera Kant, que l'existence puisse être tirée de l'essence, ou attribuée à l'essence à titre de pure qualité et de propriété. Nous croyons cependant que la preuve ontologique ne diffère pas fondamentalement des autres, et que la forme mathématique que lui donne Descartes est surtout destinée à établir qu'elle n'est pas le sophisme grossier que les esprits superficiels pourraient y voir, en estimant qu'elle pose d'abord ce qu'elle veut démontrer, à savoir l'existence de Dieu. Rien ne peut éclairer mieux ces esprits que le rapprochement de l'argument ontologique et des mathématiques, auxquelles ils croient. Dans les sciences mathématiques, je puis énoncer avec vérité ce qu'est le cercle, ce qu'est le triangle, sans savoir d'abord s'il existe au monde un triangle ou un cercle. De même, la preuve ontologique établit l'existence de Dieu à partir de sa seule essence : elle doit donc passer, note Descartes, « au moins pour aussi certaine » que les vérités mathématiques. Mais, en réalité, elle l'est davantage, et, comme les autres preuves, elle repose sur une sorte de rapport vécu entre le *cogito* et Dieu. Certes, au lieu de choisir comme point de départ, en cette relation indissoluble de moi et de Dieu qu'est le *je pense*, le pôle constitué par le moi, elle raisonne à partir de l'idée de Dieu. Mais elle oublie si peu le moi, sa finitude et sa liberté, qu'elle repose sur la contrainte que l'idée de Dieu fait subir à ma volonté même. « Il n'est pas en ma liberté, dit Descartes, de concevoir un Dieu sans existence. » Ici se retrouve la passivité de l'esprit. Encore cette passivité ne se révèle-t-elle qu'au moment où nous atteignons l'idée de l'infini, et comme le dit Descartes, où nous nous élevons comme il faut à l'idée de Dieu. Car celui qui nie Dieu, et ne comprend pas la preuve, est toujours celui qui ne conçoit pas Dieu comme il faut, qui confond son idée avec une idée quelconque, idée dont il peut tenir l'objet pour douteux. Selon la preuve, au contraire, l'idée de Dieu contraint la pensée à sortir de soi, à reconnaître que ce qu'elle découvre en elle n'est plus une simple idée de type scientifique : l'idée de Dieu est ce qu'on ne peut nier, ce que même on ne peut pleinement comprendre ; elle révèle, une fois encore, l'Être présent en nous.

Mieux que les autres, cependant, la preuve ontologique établit qu'à nier cet Être dont elle emprunte tout son sens, la pensée se met en contradiction avec elle-même, et nie sa validité de pensée. Car la pensée n'a de sens que par la vérité, et la vérité que par l'Être. Sans doute, dans un plan purement scientifique, la pensée peut-elle se donner l'impression de raisonner avec vérité avant de savoir si les objets dont elle déduit les propriétés existent ou non. Mais l'idée de vérité, totalement analysée, renvoie toujours à l'Être. Comme Descartes l'écrira à Clerselier le 23 avril 1649, « la vérité consiste en l'être, et la fausseté au non-être seulement ». Il faut donc bien que, dans un cas privilégié, une démonstration de type mathématique apparent puisse aboutir à l'être, manifestant qu'à ne pas reconnaître l'être la pensée se révélerait elle-même comme contradictoire. Telle est la preuve ontologique. Nier Dieu, c'est prétendre que l'être infini n'est pas infini, qu'à l'être qui a toutes les perfections il en manque une. En revanche, affirmer Dieu, c'est pour la pensée non seulement atteindre l'Être, mais fonder la validité de toutes ses idées, la nécessité de sa structure interne. Il n'est de pensée tout à fait consciente de sa valeur qu'au sein de la métaphysique.

Mais la métaphysique cartésienne, au moment même où elle établit la vérité de nos idées scientifiques, distingue le plan de Dieu et celui des vérités qu'il crée. Elle situe la science qu'elle fonde. Et, selon nous, cette métaphysique, née de la pure méditation sur la transcendance de l'être par rapport au connu, et définissant l'être comme distinct de tout objet, de toute essence, est ce qu'il y a de plus profond, mais aussi de plus oublié dans l'œuvre de Descartes, où l'on s'obstine à ne voir qu'une science des idées claires. Ainsi Valéry, soucieux de découvrir l'actualité de Descartes, ne suppose pas un instant qu'il la puisse trouver en cette voie. Pour lui, la métaphysique cartésienne « n'a plus et ne peut plus avoir qu'une signification historique ». A la vouloir comprendre, « nous sommes obligés de lui prêter ce qu'elle ne possède plus, de faire semblant d'ignorer des choses que nous savons et qui furent acquises depuis, de céder passagèrement un peu de notre chaleur, à des disputes définitivement refroidies, - en un mot, de faire effort de simulation, sans espoir de vérification finale, pour reconstituer artificiellement les conditions de production d'un certain système de formules et de raisonnement constitué, il y a trois cents ans, dans un monde prodigieusement différent du nôtre, que les propres effets de ce même système ont grandement contribué à nous rendre de plus en plus étranger » *(Une vue de Descartes,* in *Variétés V).*

En parlant de « signification historique », et de « système », Valéry nous paraît céder un peu vite aux préjugés, à la mode depuis Hegel, selon lesquels toute métaphysique est système, et tout système compréhensible à partir de son temps. Car s'il n'est pas douteux que Descartes ait essayé de constituer un système cosmologique, exposé dans le *Monde* et les trois dernières parties des *Principes*, et que ce système ait été dépassé par l'évolution des sciences, il est, en revanche, fort contestable que la métaphysique cartésienne soit système, et qu'elle ait perdu quoi que ce soit de son actualité. On ne saurait constituer de système qu'en tenant pour suffisante la Nature objective, ou en se plaçant du point de vue de Dieu. Or Descartes, qui refuse toujours de renoncer aux évidences au nom de la cohérence, et qui se souvient qu'il est homme, rejette aussi bien le monisme de l'objet que le monisme de l'esprit : la nature est chez lui subordonnée au *cogito*, et celui-ci, ne révélant qu'une pensée finie, est à son tour subordonné à Dieu. Il s'agit donc, pour Descartes, de distinguer des niveaux, de hiérarchiser des plans d'être, de retrouver, devant, les révélations de la science, un équilibre perdu depuis le Moyen âge. Et, sans doute, toute métaphysique naît-elle ainsi de la réaction de la conscience totale de l'homme à un système objectif. Mais il faut alors, pour la comprendre, cesser de se limiter à son contenu intellectuellement définissable, et considérer l'attitude de conscience qu'elle suppose.

Or c'est bien ce que nous demande Descartes. Nous l'avons vu inviter les lecteurs de la *Méditation première* à employer « quelques mois, ou du moins, quelques semaines, à considérer les choses dont elle traite, auparavant que de passer outre ». Et, de même, le 12 novembre 1640, il écrit à Huygens : « J'appréhende bien fort que vous ne prendrez guère de goût ni de plaisir à cette lecture, à cause que je ne me persuade pas qu'il soit possible d'y en prendre aucun, je dirai : si ce n'est qu'on emploie des jours et des semaines entières à méditer sur les mêmes matières que j'ai traitées. » S'exprimerait-il en ces termes si les idées qu'il expose dans les *Méditations* étaient semblables à des idées scientifiques, que l'on comprend dès que l'on en a fait le tour sans les vivre et les méditer ? Au reste, le rôle ontologique du temps, lié à toute découverte de l'Être par l'homme, se manifeste aussi dans l'ordre, toujours repris, des moments de la métaphysique de Descartes : doute, *cogito*, existence de Dieu. Cet ordre nécessaire n'aurait pas de sens s'il s'agissait d'une découverte proprement objective, l'objet pouvant être atteint de tous les côtés, donc par des voies quelconques. Mais l'Être ne s'offre que si l'on adopte une attitude où notre conscience se trouve tout entière engagée.

Il n'est donc point surprenant qu'envisagée du seul point de vue de son contenu dogmatique la métaphysique cartésienne ait pu apparaître à certains comme d'une singulière pauvreté. Elle se réduit alors à l'affirmation de l'existence de l'âme et de celle de Dieu, existences que tout le monde admettait alors. Parlera-t-on cependant de la nouveauté de ses preuves ? Pourtant, qui croit vraiment aujourd'hui que la *Méditation seconde* établisse l'existence de l'âme et sa distinction d'avec le corps, et que les *troisième* et *cinquième Méditations* prouvent Dieu ? Mais la métaphysique cartésienne révèle sa profondeur à qui aperçoit en elle le mouvement par lequel la conscience se délivre de toute ontologie physicienne, et situe la science par rapport à l'être et par rapport à l'homme. En ce sens, les doctrines de la création des vérités éternelles et de la création continuée, loin de se borner à reprendre l'idée d'un Dieu créateur, nous amenaient déjà à tenir toute vérité rationnelle pour non ontologique. Elles nous invitaient à saisir tout objet, toute loi, toute nécessité comme séparés de l'Être, situés en un plan où l'être et la liberté ne se sauraient découvrir. A toute idée connaissable, à toute chose compréhensible, à toute détermination positive, elles opposaient l'Être créateur, conçu et non compris. Mais les *Méditations* révèlent mieux encore que les conditions mêmes de notre pensée ne sont pas celles de l'Être, ce qui est déjà l'essence du kantisme, et sans doute véritable philosophie critique. Car notre pensée ne s'exerce qu'en cernant son objet, en traçant ses limites, en le distinguant de tout ce qui n'est pas lui. Elle ne s'exerce qu'en séparant le connu de l'être, en le déréalisant, ce pourquoi elle peut douter de tous les objets, qui ne sont en effet que ses objets. Mais elle ne peut douter de l'être, et tout être se révèle comme ce qui, dépassant la pensée, ne peut être ni cerné, ni compris, ni dépassé, ni par conséquent nié.

Descartes semble noter lui-même l'ambiguïté de ce qu'il nomme « idées » quand, par exemple, en juillet 1641, il écrit à Mersenne : « J'appelle généralement du nom d'idée tout ce qui est dans notre esprit lorsque nous concevons une chose, de quelque manière que nous la concevions. » Et, en effet, le terme « idées » désigne à la fois chez Descartes des représentations objectives et essentielles, et des présences ontologiques. Mais la métaphysique a précisément pour but de mettre en place les essences et les présences en subordonnant les représentations à la pensée, et la pensée à l'être, c'est-à-dire, d'abord, le *cogito* au *sum*, puis l'être du *cogito* à celui de Dieu. La métaphysique établit à la fois la supériorité de l'être sur la représentation, et l'impossibilité de réduire l'être à la représentation, et donc de le comprendre de façon positive. Dieu crée tout ce que je puis comprendre et, de l'Être de Dieu, Descartes va jusqu'à dire que l'incompréhensibilité est contenue en sa raison formelle (*Cinquièmes Réponses*, AT-VII-368). De même, la pensée est première par rapport à ses objets, mais l'être de la pensée ne se découvre, en la *Méditation seconde*, que comme l'être d'une négation et, précisément, de la négation de tout ce qui est vérité scientifique : car l'être du *cogito* n'est que l'être du doute et, dans la *Méditation première*, le doute a porté non seulement sur la réalité du sensible, mais sur les évidences scientifiques et objectives, ce en quoi il a dépassé cette critique des qualités que, depuis longtemps déjà, le platonisme avait accomplie. Quant à l'être de la matière, c'est bien à tort qu'on le confondrait avec son attribut essentiel, qui est l'étendue. Car, dira Descartes dans les *Princi-*

pes, nous ne devons pas considérer la pensée et l'étendue comme « des choses qui subsistent d'elles-mêmes », ni confondre « l'idée que nous devons avoir de la substance avec celle que nous devons avoir de ses propriétés » (*Principes,* I, 64). Ainsi se retrouve toujours la doctrine de la supériorité de l'être sur le concept et de l'irréductibilité de l'être au concept : connaissant la nature des choses, nous ne connaissons pas leur être, et, pour ce qui est du *cogito* et de Dieu, comment comprendrions-nous leur nature puisqu'ils ne sont pas nature, mais liberté ?

Et certes, il n'est pas douteux que cette métaphysique négative, déjà critique, ait, comme le veut Valéry, une signification historique. En particulier, le dépassement de tout objet connu vers l'être ne se saurait comprendre tout à fait qu'à partir de la réaction de Descartes contre la philosophie de Suarez, que les pères de La Flèche lui avaient enseignée et où l'être était assimilé à l'essence. Il provient aussi du désir de ne pas succomber tout à fait à ce nouvel essentialisme qu'est alors la science, du souci de transcender, par métaphysique, le réalisme scientifique aussi bien que le réalisme biblique qui s'opposaient à tort dans le conflit de Galilée et du Saint-Office. Il nous a semblé qu'en cette affaire ni la physique de Galilée, ni la doctrine du Saint-Office ne parurent à Descartes erreurs totales ou parfaites vérités. Leur opposition demeurerait-elle, en effet, si l'une et l'autre, comme il le voudrait, cessaient de confondre, avec l'Être transcendant, les langages dans lesquels elles l'expriment, la physique disant l'être selon les nécessités de la pensée scientifique et technique, le récit biblique le racontant selon les exigences de notre salut ? Devant les dogmatismes opposés qu'engendre l'élévation à l'être des symboles scientifiques ou religieux, Descartes, loin de s'efforcer d'opérer, sur le plan des idées représentatives et du langage, une conciliation qu'il juge impossible, conserve à la fois la vérité de la religion et celle de la science en les situant toutes deux, et résout, par analyse critique, c'est-à-dire par appel à la transcendance de l'être, le conflit dans lequel son siècle s'embarrassait.

Mais faut-il croire que le fanatisme soit mort, que la confusion de l'Être et des langages où il s'exprime soit, de nos jours, dissipée ? Bien au contraire, l'assimilation de l'être à l'objet, qui est le propre du scientisme, ne nous paraît jamais avoir, plus qu'à présent, menacé l'homme, sa valeur irremplaçable, sa liberté. La reprise du doute, par lequel l'homme déréalise le donné, et du *cogito*, par lequel il comprend que sa propre existence est sa première certitude, et que sa conscience ne saurait être sacrifiée aux hypothèses de sa conscience, nous paraissent donc de l'intérêt le plus actuel. Descartes, en ce sens, n'a pas fini de nous donner des leçons ; la vérité de sa métaphysique est éternelle. Et sans doute le kantisme, par la critique qu'il opère du cartésianisme lui-même, peut-il paraître avoir atteint, dans la séparation du savoir et de l'être, plus de rigueur. Pourtant, il faut se souvenir que, jugeant Descartes à travers Wolff et Leibniz, Kant méconnaît le plus souvent l'authentique inspiration qui anime Descartes, et qui n'est autre que la sienne. Et l'on peut même se demander si la conception cartésienne des limites du savoir ne garantit pas, mieux que le kantisme, contre l'erreur dogmatique. Certes, il faut convenir que posant en dehors de nous un Dieu dont le savoir, pour n'avoir rien de commun avec le nôtre (puisqu'il ne contient plus aucun élément de passivité), demeure pourtant un savoir, Descartes semble ne limiter le savoir humain qu'au nom d'un autre savoir possible, la doctrine kantienne établissant au contraire que les limites du savoir tiennent à sa nature même de savoir. Mais précisément le kantisme, nous amenant à considérer que ce qui limite le savoir ne peut même être défini par rapport à un savoir non humain, donne à la chose en soi un statut si négatif, tend si souvent à la considérer comme inférieure à la conscience humaine, que les postkantiens auront peu à faire pour l'éliminer, et parvenir à l'affirmation selon laquelle le savoir est la mesure de l'être.

Or, cette affirmation conduit à son tour à la subordination de la conscience à son objet. Car le savoir, s'il n'est pas sans cesse pensé comme savoir d'homme, et d'homme limité et fini, se donne comme révélant un monde en soi et une histoire où, bien vite, l'homme sera oublié et perdu. Aussi ne pensons-nous pas qu'on puisse fonder, mieux que par la voie cartésienne, cette liberté de l'esprit dont on rappelle souvent que Descartes a proclamé la valeur, mais dont on oublie toujours que le dogmatisme historique ou scientifique la menace plus encore que le dogmatisme religieux. Descartes, cependant, ne l'oublie pas. Sa théorie de la création des vérités éternelles fonde la science en soulignant le caractère non ontologique de ses découvertes. Son doute, rejetant d'un coup notre passé, établit que notre ordre véritable exclut notre histoire. En tout ceci, l'Être apparaît comme liberté pure : il permet d'affirmer à la fois que la conscience connaissante n'est que sa manifestation, et qu'elle est supérieure à tout ce qui, apparaissant d'abord comme Monde, se révèle comme connaissable. On peut, sans doute, préférer à cette démarche libératrice bien d'autres mouvements ; il ne semble pas qu'on puisse prétendre qu'elle ait été dépassée.

4. Les vérités mathématiques, le monde et l'homme

La fin de la *Méditation troisième* témoigne que la contemplation de Dieu est adoration, admiration et joie : l'esprit, « en quelque sorte ébloui », y connaît le « plus grand contentement que nous soyons capables de ressentir en cette vie ». Mais, soucieux de science et d'action sur le monde, Descartes ne prétend pas demeurer à ce niveau. Dès la *Méditation quatrième*, il essaie de découvrir « un chemin qui nous conduira de cette contemplation du vrai Dieu (dans lequel tous les trésors de la science et de la sagesse sont renfermés) à la connaissance des autres choses de l'Univers ». La considération de la véracité divine nous ouvrira ce chemin. Si Dieu est parfait, il ne peut être trompeur. L'entendement qu'il m'a donné est donc, en lui-même, infaillible, et doit connaître parfaitement ce qu'il connaît clairement et distinctement. Une fois de plus, c'est la considération de Dieu qui, chez Descartes, rend la science indépendante de la théologie et fonde la libre pensée.

On a pu cependant se demander si, en invoquant la véracité divine pour fonder la valeur des idées claires et de notre raison, Descartes ne tombait pas en un cercle. Car la véracité divine est déduite de notre connaissance de Dieu, elle-même établie par raisonnement et idées claires. Descartes a paru gêné par l'objection, et certaines de ses réponses ont donné à penser que l'appel à la véracité divine n'était requis qu'en ce qui concerne l'évidence rememorée, l'évidence actuelle s'imposant d'elle-même et n'ayant besoin que de soi. On ne saurait pourtant admettre une telle interprétation. La véracité divine met fin au doute : or, qui prétendrait que le doute ait seulement porté sur la mémoire, et que toutes les *Méditations* n'aient eu pour objet que de fonder le souvenir de l'évidence ? Il faut même avouer qu'à ce souvenir la véracité divine n'apporte à proprement parler aucune caution. On ne peut faire erreur en face de l'évidence, mais on peut fort bien se tromper en se souvenant ou en pensant qu'on se souvient (ce qui, dans l'hypothèse, est strictement indiscernable) que l'on a jadis aperçu une évidence. Au reste, la véracité divine ne garantit un savoir que si l'on ne peut avoir recours, dans le cas considéré, à un savoir plus immédiat ; les *Secondes Réponses* affirment la validité de ces « jugements très clairs et très exacts, lesquels, s'ils étaient faux, ne pourraient être corrigés par d'autres plus clairs, ni par l'aide d'aucune autre faculté naturelle ». Au contraire, la mémoire de l'évidence peut être remplacée par une faculté plus claire qu'elle, à savoir la compréhension de l'évidence elle-même. Ce n'est donc pas le souvenir de l'évidence mais, si l'on veut ici parler de temps, la continuité de l'évidence que fonde la véracité divine : or la *Méditation première* ayant montré qu'en l'absence de la connaissance de Dieu toute évidence peut précisément être mise en doute, et donc cesser de s'imposer, il faut conclure que la véracité divine est nécessaire pour garantir toute idée, même d'évidence actuelle. Le *Discours* déclarait déjà que « cela même que j'ai tantôt pris pour une règle, à savoir que les choses que nous concevons très clairement et très distinctement sont toutes vraies, n'est assuré qu'à cause que Dieu est ou existe » ; les *Secondes Réponses* établissent qu'un athée ne peut connaître « que les trois angles d'un triangle sont égaux à deux droits... par une vraie et certaine science », et Descartes écrira dans les *Principes* que, l'existence de Dieu une fois connue, « même les vérités de mathématiques ne nous seront plus suspectes », ce qui montre bien qu'elles l'étaient auparavant.

Si, cependant, toutes les idées requièrent la véracité divine, comment éviter le cercle ? Selon nous, ce problème ne peut être résolu que si l'on admet que le *cogito* et Dieu ne nous sont pas donnés par des idées semblables aux autres. Le moi et Dieu se révèlent directement (ce qui ne veut pas dire totalement) comme êtres, bien plus qu'ils ne sont prouvés par raisonnements ou notions. C'est pourquoi ils sont les seules vérités à n'avoir pas besoin de la garantie de la véracité divine. De fait, Descartes déclare souvent que les vérités mathématiques, ou logiques, requièrent la caution de Dieu. Mais il n'invoque jamais la véracité divine dans l'affirmation du *cogito* ou de Dieu lui-même. Tout au contraire, le *cogito* est affirmé au moment où Dieu est supposé trompeur, et contre le malin génie. C'est en révélant son être, l'être du *sum*, qu'il fait échec au doute, lequel s'est introduit à propos de la valeur représentative des idées, en contestant la légitimité de leur référence à un objet extérieur. Dans le *cogito*, celui qui affirme et ce qu'il affirme se confondent : toute extériorité, tout problème de conformité de l'idée et de son objet, disparaissent donc : l'être est présent à soi. Et Dieu est saisi comme inséparable du « je pense ». Ainsi, au niveau du *cogito* et de Dieu, l'être, d'abord séparé des idées, peut devenir leur fondement et leur substance. Encore le *cogito* ne fonde-t-il les idées que comme états de mon moi : si l'on admet que le moi est la cause des idées, on doit abandonner tout espoir de valider le principe de leur correspondance avec ce qu'elles représentent. Je suis dans une sorte de rêve permanent, et il faut dire, avec Calderon, que la vie est un songe. Si, au contraire, je rattache les idées à Dieu, la cause que je leur découvre est telle que la correspondance de l'idée et de son objet se trouve garantie. Dieu est donc atteint par une méthode ontologique, qui n'a rien de commun avec celle de la science ; ce pourquoi il peut précisément fonder la science. Et l'Être, dont le pressentiment confus avait suffi, dans la *Méditation première*, à troubler toutes mes idées, peut à présent fonder leur valeur. Grâce à son contact essentiel, et comme vertical, avec l'Être, mon esprit apparaît lui-même comme supérieur à tout objet, à toute histoire : il peut juger le monde et en constituer la science.

Pourtant, fondant la science et la libre pensée, la véracité divine ne risque-t-elle pas, tout aussitôt, de les détruire ? La science n'avance et ne se constitue que par un perpétuel discernement du vrai et du faux : nous avons rencontré, dans les *Regulae* et dans le *Discours*, un doute intérieur à la science même, qui n'était que l'expression du souci d'une telle distinction. Le doute des *Méditations*, au contraire, a mis en question la science, en la considérant dans son ensemble, et comme du dehors. Mais de ce fait la véracité divine, qui lui succède, risque de fonder indistinctement toute connaissance, de légitimer toute idée, de bannir à la fois le doute sélectif et le doute systématique, de détruire le principe même de toute distinction. Si Dieu est la cause de mes idées, il devrait s'ensuivre que je ne me trompe jamais. Descartes doit donc, par un renversement nouveau, corriger sa propre doctrine, et limiter son extension. Il doit sauver ce pouvoir de choix et de discrimination qui est le propre de la méthode. Et c'est pourquoi, dès la *Méditation quatrième*, il oppose à la véracité divine le fait de l'erreur, et reprend l'objection classique à tout optimisme facile, à tout dogmatisme rationaliste : si toute chose dépend d'un Dieu véridique et bon, comment expliquer l'erreur et le péché ? Se présentant ainsi comme une difficulté rencontrée par la propre doctrine de Descartes, l'erreur est, en réalité, invoquée pour que puisse être précisé le rapport du moi et de Dieu, elle réintroduit le souci de la méthode. D'où l'on voit, une fois encore, que la méthode comme telle, en ce qu'elle est choix et sélection, n'est pas directement liée à la véracité divine. Les sciences distinguent le vrai du faux sans se demander ce qu'est le vrai, ce qu'est le faux. Ces questions sont métaphysiques, le *Discours* ne les posait pas. Mais les *Méditations* les ont posées et leur solution a semblé, dès l'abord, ruiner la méthode. Aussi Descartes doit-il invoquer l'erreur, et redéfinir, à son sujet, le rapport de la métaphysique et de la science. Pour cela, avant de présenter la solution psychologique et logique du problème de l'erreur, il doit lui préparer une sorte de cadre ontologique. La *Méditation quatrième*, voulant entreprendre l'étude du jugement, commence par analyser métaphysiquement l'homme comme source du jugement et sujet capable d'erreur.

Tout comme le mal et le péché, l'erreur apparaît comme un néant. Elle ne peut donc avoir sa cause en Dieu. Et pourtant « j'expérimente » que je suis sujet à des erreurs innombrables. Il faut donc qu'il y ait en moi quelque néant. Et, en effet, je suis placé entre l'être et le néant. Je suis fait de l'un et de l'autre. Je participe du néant en ce que je suis fini. En sorte que, métaphysiquement considérée, l'erreur apparaît comme le fait d'un mixte ontologique. Les *Regulae* expliquaient l'erreur par le mélange d'actes mentaux différents. Les *Méditations* l'expliqueront par l'immixtion, dans la pure connaissance, de la volonté requise pour juger. Ainsi, l'erreur est toujours liée au mélange, à la synthèse, et la vérité à la simplicité, que découvre l'analyse. Mais le mixte fondamental, qui est la condition préalable, et métaphysique, des autres mixtes, c'est ma finitude elle-même, considérée comme mélange d'être et de néant, de « souverain être » et de « non-être ». Tel est le cadre où peut s'insérer une psychologie de l'erreur. Certes, comme non-être, l'erreur provient de ce que nous participons au néant. Mais l'erreur n'est pas une simple privation. C'est une faute. En fait, le jugement faux existe, et il affirme le non-être comme être. Il faut donc découvrir une cause positive à l'erreur. Cette cause ne peut être trouvée dans les idées. Si je me contente d'avoir l'idée d'une chimère, je ne commets aucune erreur. L'erreur consiste seulement dans l'affirmation : « il existe une chimère » : il n'y a d'erreur que dans le jugement. Encore, pour justifier Dieu et fonder la méthode, faut-il apercevoir comment le jugement peut être valable en ce qu'il dépend de Dieu, erroné en ce qu'il dépend de nous-mêmes. Or, si je considère le jugement dans son être, si je le décompose en ses facultés constitutives, je trouverai, au terme de cette analyse, comme au reste de toute analyse, le simple et le vrai. Les facultés qui concourent au jugement et sont tout ce qu'il y a de réel en lui, sont sans défaut. Le jugement est fait d'entendement et de volonté. L'entendement aperçoit infailliblement ce qu'il aperçoit clairement. Certes il est fini. Mais il est de la nature de l'entendement créé d'être tel, et je n'ai pas ici à me plaindre de Dieu. Et, de même, ma volonté est sans défaut. Mais, cette fois, sa perfection consiste en ce qu'elle n'a pas de bornes, car elle peut s'étendre à toute chose, ni de degrés, car elle est faculté d'option, faculté du oui ou du non. La volonté est infinie. Dès lors, elle peut dépasser les bornes de l'entendement, et de là vient l'erreur. Je juge là où je n'ai point d'idées claires et distinctes, là où je ne vois rien ; je juge sans apercevoir. L'erreur vient donc de mon opération, et non de mon être ; j'en suis l'unique responsable, et je puis l'éviter. On voit combien cette conception est éloignée de l'idée d'une nature déchue, ou d'un péché originel. C'est maintenant, et par un acte présent, que je me trompe, ou que je pèche. En sorte que je n'ai qu'à me louer de Dieu, et de la nature qu'il m'a donnée. Je dois, en revanche, être attentif à ne pas étendre ma volonté au-delà des limites de ce que constate mon entendement, et ne juger que lorsque je me trouve en présence d'idées claires et distinctes : ce qui est toute la méthode résumée en une règle, et telle qu'elle sera exposée dans les *Principes*.

Ainsi comprise, cependant, la véracité divine ne fonde guère que les vérités mathématiques. Et sur ce point la *Méditation quatrième* ne fait que reprendre la doctrine du *Discours de la Méthode*, selon lequel les idées, « étant des choses réelles et qui viennent de Dieu en tout ce en quoi elles sont claires et distinctes, ne peuvent en cela être que vraies ». Les idées sont vraies, parce qu'elles sont réelles. En sachant qu'elles sont les créatures de Dieu, je les sépare de l'Être créant, mais du même coup je les garantis. Il est à remarquer néanmoins qu'en ceci la vérité de l'idée est définie sans aucune référence à une matière extérieure. La véracité divine la justifie comme idée pure, et dans la mesure où elle est quelque chose, et non un pur rien. En d'autres termes, la certitude fondée est celle de ces sciences qui, comme le remarquait Descartes en la *Méditation première*, ne se mettent pas « beaucoup en peine » de savoir si les choses dont elles traitent « sont dans la nature, ou si elles n'y sont pas ». Telle que l'expose la *Méditation quatrième*, la véracité divine garantit les mathématiques, où nous considérons la réalité objective de l'idée en sa nature propre. Qu'il y ait ou non au monde des choses nombrables, des triangles ou des cercles, il demeure vrai que 2 et 2 font 4, que la somme des angles d'un triangle est égale à deux droits, que les rayons du cercle sont égaux. L'idée est vraie à titre de pure essence, en ce qu'elle est elle-même, et indépendamment de toute référence à son idéat[1] : on sait que Spinoza reprendra cette doctrine, et cette définition de la vérité.

La véracité divine a cependant un autre sens : elle doit fonder la physique et, plus généralement, la valeur représentative des idées. Le *Discours* ne faisait aucune allusion à ce caractère représentatif. Mais la doctrine des *Méditations* est plus complexe : l'idée n'y est pas seulement considérée en elle-même comme essence, et de façon mathématique : elle est référée à ce qu'elle représente. Et, en effet, le doute et le *cogito* rattachant les idées au moi, et les faisant apparaître de ce fait comme purement subjectives, n'ont permis de les considérer comme fausses que par rapport à leur prétention à l'objectivité. Et les termes mêmes de Dieu trompeur ou de Dieu véridique répondent bien, dans les *Méditations*, à une semblable position du problème. Ils nous amènent à transposer le problème de la vérité et de l'erreur sur un plan intersubjectif : pour

1. *Idéat* : objet auquel correspond une idée.

que s'efface tout à fait le soupçon de ces autres volontés qui, dans la *Méditation première*, s'efforçaient de m'abuser, il faut que Dieu apparaisse comme une autre conscience, et source d'un langage qui ne saurait mentir. Au reste, si le monde, comme l'a dit Descartes, est une fable, il suppose un être parlant. Et sans doute importe-t-il ici de ne pas se fier aux images que nous suggère l'habitude. En une doctrine où Dieu, cause unique de tout ce qui est, crée, instant par instant, chaque chose, Dieu ne saurait être trompeur à la façon d'un homme ou du malin génie lui-même. Nous parlons toujours de mensonge et de tromperie par référence à un ordre de réalité extérieur au menteur. Mentir, c'est dire autre chose que ce que l'on a constaté comme vrai. Or Dieu ne saurait mentir ainsi, puisqu'il ne constate rien, puisqu'aucune passivité ne demeure en son entendement, puisqu'il fait être tout ce qu'il veut. Affirmer que Dieu n'est pas trompeur, ce n'est donc pas seulement rectifier l'hypothèse du malin génie, ou de quelque Dieu imparfait qui pourrait mentir comme mentent les hommes, c'est s'élever à une idée mettant Dieu à sa véritable place, c'est penser Dieu comme l'être infini qui crée tout. Que signifie donc la doctrine de la véracité divine ? Elle exprime l'unité de Dieu. Elle nous persuade que Dieu ne peut avoir accompli deux créations divergentes, celle des choses, celle des idées.

Mais, s'il en est ainsi, pourquoi Descartes s'exprime-t-il en termes de véracité et de mensonge, ce qui, semble-t-il, ne peut qu'obscurcir son propos ? A notre sens, l'introduction, dans les *Méditations*, des notions de mensonge et de véracité est liée à la transformation du problème cartésien depuis le *Discours*, et à l'introduction du souci ontologique. Descartes se demande si un être extérieur répond à ses idées, et cette référence de l'idée à son objet fait nécessairement songer, du point de vue humain, à quelque possible tromperie. Ainsi l'hypothèse de la tromperie et l'affirmation de la véracité qui lui répond, si elles introduisent inexactement un problème qui, en effet, au regard de Dieu, ne se pose pas, gardent tout leur sens du point de vue de l'homme, point de vue auquel Descartes se maintient toujours. Car, pour l'homme, l'idée se présente comme un tableau, comme une image. Elle a une valeur représentative. Elle renvoie à autre chose que soi. En un mot, elle est un langage. Or tout langage peut mentir. Il est donc nécessaire de se demander qui nous parle, et, si nous voulons fonder la science, d'être assurés que celui qui nous dit le Monde ne peut nous induire en erreur.

De ce fait, la véracité divine va installer dans l'être la physique de Descartes. Nous avons vu celui-ci, dans le *Monde* ou la *Dioptrique*, proposer sa physique comme reconstruction, selon l'esprit, d'une Nature dont on peut fort bien penser que la réalité dernière nous demeure inconnue. Nous l'avons vu ensuite, dans la *Méditation quatrième*, fonder cette physique à titre de science mathématique et, si l'on peut dire, en son essence. Or voici qu'il la veut fonder encore selon l'être, en établissant cette fois que la physique géométrique porte sur les corps réels, sur les corps tels qu'ils existent en dehors de nous. Ici l'idée n'a plus seulement à être garantie en elle-même, et quant à la validité de sa structure interne, mais dans sa correspondance avec les choses. La physique de Descartes doit être vraie, non seulement en ce qu'elle est mathématique, mais en ce qu'elle correspond à la matière. Ainsi va s'achever un mouvement de pensée qui commença par une confiance purement spontanée dans les pouvoirs de l'esprit. A cette confiance succédèrent la défiance sélective du doute scientifique, puis la défiance systématique du doute métaphysique. Et la défiance fut remplacée d'abord par une confiance mathématicienne en la valeur des idées comme telles, en la valeur des essences. Mais il faut maintenant que le Monde lui-même nous soit rendu. Car les idées scientifiques, même considérées en leur vérité essentielle, ne sont pas tout à fait de l'être : elles ne sont pas de l'être au sens où le moi et Dieu sont de l'être. Voilà pourquoi Descartes se demande toujours à quel être il doit les rapporter. Certes, les rapporter à l'être du moi est toujours possible sans erreur, ce pourquoi la *Méditation seconde* a pu se maintenir, malgré le scepticisme qu'elle prolonge, dans les limites d'une stricte certitude. Les rapporter directement à l'Être de Dieu, c'est les fonder en vérité. Mais c'est laisser irrésolu le problème de leur valeur représentative, le problème de l'être de l'Univers. Descartes veut donc rattacher les idées à un troisième être, l'être même de la matière de ce Monde qu'elles nous signifient. Déjà la *Méditation sixième* pose ce problème : elle prouve l'existence de la matière. Et en 1644 les *Principes* accordent la plus grande place à l'idée de la substance matérielle. Ils réexposent, en une perspective résolument réaliste, la physique cartésienne.

Après la publication des *Méditations*, Descartes entreprend en effet un exposé général de sa philosophie, comprenant à la fois sa métaphysique et sa physique. Le 31 janvier 1642, il l'annonce à Huygens sous le titre de *Summa philosophiae*. Le 23 mars 1643, il dit en être « à la description du Ciel et particulièrement des Planètes ». Il réside alors près de Leyde, dans le petit château d'Endegeest. Il semble que l'héritage paternel, en augmentant sa fortune, lui ait permis d'améliorer son train de vie. Il occupe une demeure assez somptueuse, agrémentée d'un beau jardin. Il a plusieurs personnes à son service. Il reçoit l'abbé Picot, Lord Digby, Sorbière, Comenius, Regius. Mais il ne trouve plus le calme espéré, et sa réflexion est troublée par les polémiques qu'il voulait fuir. En France, le P. Bourdin fait soutenir des thèses qui lui sont hostiles. A Utrecht, Voët fait condamner sa philosophie. Descartes répond par une « Lettre à Voët » qui paraît en 1643. Mais il n'abandonne pas pour autant l'espoir d'introduire sa philosophie dans les écoles. Il veut, au contraire, présenter la somme des vérités qu'elle contient, et, en particulier, des théories qu'avait exposées son traité du *Monde*. Il rédige, à cet effet, une sorte de manuel d'enseignement. C'est pourquoi les *Principes de la philo-*

sophie, publiés en latin à Amsterdam, en 1644, abandonnent la forme de l'exposé continu, et sont divisés, comme les manuels scolastiques, en paragraphes très courts. Quatre parties composent l'ouvrage. La première *(Des principes de la connaissance humaine)* reprend la doctrine des *Méditations*, mais accorde plus de place à la liberté, et au problème du rapport entre la substance, ses attributs et ses modes. La seconde partie *(Des principes des choses matérielles)* expose diverses questions de physique et contient les lois du mouvement. La troisième *(Du monde visible)* est surtout consacrée à l'astronomie. Elle étudie la lumière, le soleil, les comètes, les planètes, et, à propos du mouvement de la Terre, expose une hypothèse différant à la fois de celles de Ptolémée et de Copernic. La quatrième partie *(De la Terre)* traite des éléments, de la pesanteur, de la chaleur, de la lumière, de l'aimant, et de nombreuses questions spéciales relatives aux sciences de la Nature.

C'est au début de la seconde partie des *Principes* que Descartes, reprenant les fondements de sa physique, expose « quelles raisons nous font savoir certainement qu'il y a des corps », « comment nous savons aussi que notre âme est jointe à un corps », « que nos sens ne nous enseignent pas la nature des choses, mais seulement en quoi elles nous sont utiles ou nuisibles », etc. C'était déjà le programme de la *Méditation sixième*. Dans la *Méditation sixième*, cependant, les thèmes dominants étaient encore Dieu, qu'il fallait justifier de l'erreur, et le jugement humain, considéré cette fois comme portant sur le sensible. Car la *Méditation quatrième*, rapportant l'erreur à notre seule volonté, semblait négliger l'erreur propre au sensible et à l'affectif. Or cette dernière erreur ne tient-elle pas à notre nature ? Et pouvons-nous à bon droit en être tenus pour responsables ? Descartes, pour l'établir, recherche ce qu'il y a de vrai, ce qu'il y a de faux dans le sensible. Il conserve au sensible sa valeur ontologique, et estime que notre croyance en l'existence des choses est justifiée. Cette croyance, en effet, se fonde sur une inclination « naturelle » ; elle est donc garantie par Dieu : celui-ci ne pourrait, sans nous abuser, causer directement mes sensations (comme, par exemple, Malebranche et Berkeley penseront qu'il le fait). Mes sensations sont produites « par des choses corporelles », et, de la sorte, la physique peut être fondée comme science du réel. Encore faut-il, pour qu'elle le soit en vérité, qu'à ces choses corporelles puisse être appliquée cette connaissance intellectuelle et mathématique que la véracité divine a garantie dans la *Méditation quatrième*. Or, n'avons-nous pas tendance à tenir au contraire les choses corporelles pour semblables à ce que nos sensations nous révèlent ? Certes. Mais, selon Descartes, cette seconde tendance n'est plus nature, elle est coutume. Elle naît d'une précipitation infantile, dont l'habitude enracine en nous le préjugé. On ne peut invoquer en sa faveur la garantie de la véracité divine. La réflexion claire, que fonde cette véracité, nous incite au contraire à distinguer l'âme et le corps, dont les idées sont en effet distinctes, et par conséquent à n'accorder au corps que des propriétés géométriques. On voit que, de la sorte, l'erreur du sensible est elle-même ramenée à l'erreur de la volonté. C'est en jugeant trop vite, et sans avoir vraiment l'idée que je crois avoir, que j'attribue au corps des qualités sensibles. Ainsi se rétablit l'unité des *Méditations*. Leur sujet, c'est le rapport de ces deux êtres : le moi et Dieu. Certes, la *Méditation sixième* établit l'existence des corps et fonde ainsi, ontologiquement, la physique. Mais sa fin essentielle reste la détermination de la valeur de notre connaissance par la considération de Dieu, cause de notre être et de notre nature. Le problème de l'affectif n'est lui-même posé que parce que l'affectif apparaît comme une sorte de connaissance pragmatique, instituée par Dieu en nous, et devant avoir sa vérité.

Il demeure qu'en affirmant à la fois que les corps existent hors de nous et que leur nature, ou essence, se réduit à la pure étendue connaissable, la *Méditation sixième* introduit dans le cartésianisme une difficulté nouvelle, dont les conséquences apparaissent plus nettement en 1644. En effet, s'il existe une matière, à côté de l'être du moi et de l'être de Dieu, seuls jusqu'à présent considérés, il faut admettre un troisième être, auquel à leur tour les idées pourront être référées. Dans les premières *Méditations*, l'alternative était claire : rapporter les idées à moi-même, c'était douter ou dire « je pense » ; les rapporter à Dieu, c'était établir leur vérité. Le choix s'exerçait entre deux êtres inégaux, mais également spirituels. Et tous les successeurs de Descartes seront conduits par la logique même du problème à dénier à la matière toute substantialité : pour Spinoza, Dieu est l'unique substance ; Leibniz et Berkeley croient, en dehors de Dieu, à la substantialité des seuls esprits créés, et si Malebranche maintient la substance matérielle, c'est seulement au nom de la foi, et sans y voir la cause de nos idées ; chez lui donc, comme chez Berkeley, le rapport qui définit la connaissance demeure un rapport entre le moi et Dieu. Pour Descartes au contraire, il existe une substance matérielle. Cette substance matérielle agit sur mon âme et la rend passive. Elle collabore à la formation de certaines de mes idées. Voici donc un être inférieur à mon être et qui pourtant agit sur lui, un être distinct de mon esprit, n'ayant avec lui aucune identité de nature et qui, cependant, produit en lui des idées. Alors que, pour Malebranche ou Berkeley, seul l'esprit peut causer quelque chose en l'esprit, Descartes admet que nos sensations sont causées par la matière. Le sensible dépend de mon corps et des corps extérieurs, et c'est pourquoi il conserve, en physique même, une valeur ontologique irremplaçable : seul il m'apprend que j'ai un corps et qu'il existe des corps en dehors de moi. D'autre part, de ce corps qui trouble ma raison et se manifeste ontologiquement par la présence en mon âme de la qualité sensible, je puis avoir une connaissance claire et distincte en considérant son attribut essentiel : l'étendue. Car seule l'étendue constitue, pour Descartes, la nature du corps. Y a-t-il donc plus d'être dans la matière que dans cette étendue qui constitue son essence et s'offre en mes idées ? En quoi consiste cet être matériel, distinct de l'idée que j'en ai, et comment Descartes va-t-il pouvoir rendre au monde cette profondeur que toutes ses réflexions antérieures lui ont enlevée ?

Ces préoccupations dominent l'exposé des *Principes*. Dès la première partie, la théorie de la substance est introduite, avec un détail que ne connaissaient pas les *Méditations*. Descartes semble occupé à une sorte de réfutation de l'idéalisme qu'on pourrait lui prêter, et affirme que la substance dépasse son attribut, à savoir ce que nous connaissons d'elle. Certes il y a, en chaque substance, un attribut qui constitue sa nature, ou son essence. Il ne dépend d'aucun autre, mais tous les autres dépendent de lui. Ainsi, l'étendue peut se concevoir sans le mouvement, et la pensée sans le sentiment : mais le mouvement ne peut se concevoir que par l'étendue, et le sentiment que par la pensée. L'étendue est donc l'attribut essentiel de la matière, et la pensée celui de l'esprit. A partir des idées distinctes de tels attributs, nous pouvons, selon Descartes, distinguer les substances elles-mêmes. En sorte qu'en dehors de Dieu, qui, au sens strict, demeure la seule substance, puisque seul il n'a besoin que de soi pour exister, il y a deux substances créées, c'est-à-dire deux êtres qui ne dépendent que de Dieu, qui ne sont l'attribut de rien, qui n'ont besoin pour exister du concours d'aucune autre chose créée. Ces deux substances sont l'âme et le corps ou, pour être plus exact, ces deux types de substances sont les âmes et les corps. L'âme est substance pensante, le corps est substance étendue. Mais il demeure que les substances sont, en ceci, inférées, et que le mouvement qui s'élève à elles diffère de celui qui nous permettait de passer du mode à l'attribut Du mode à l'attribut, l'implication se fait tout entière à l'intérieur de la pensée. De l'attribut à la substance, l'implication est ontologique, met en jeu notre certitude de l'être. La substance ne se réduit pas à son attribut essentiel, elle est quelque chose de plus profond que lui : elle est de l'être. Et sans doute est-il plus aisé, remarque Descartes (*Principes*, I, 63), « de connaître une substance qui pense ou une substance étendue que la substance toute seule, laissant à part si elle pense ou si elle est étendue »... « nous considérons quelquefois la pensée ou l'étendue sans faire réflexion sur la chose même qui pense ou qui est étendue ». Mais, quand nous considérons pensée et étendue « comme les propriétés des substances dont elles dépendent, nous les distinguons aisément de ces substances, et les prenons pour telles qu'elles sont véritablement : au lieu que si nous voulions les considérer sans substance, cela pourrait être cause que nous les prendrions pour des choses qui subsistent d'elles-mêmes ; en sorte que nous confondrions l'idée que nous devons avoir de la substance avec celle que nous pouvons avoir de ses propriétés » (*ibid.*, 64). Ici se révèle avec clarté le caractère ontologique de la philosophie de Descartes : il ne lui paraît pas douteux qu'il y ait quelque chose de plus dans la substance que dans son attribut essentiel. Et c'est du reste en ce sens que la matière est véritablement substance : réduite à l'étendue, elle ne serait, comme le voudra Berkeley, qu'une idée.

Mais ici la difficulté est grande. Il est relativement aisé de concevoir la substantialité de l'âme, c'est-à-dire son indépendance par rapport à la matière et par rapport à Dieu. L'âme est distincte du corps, et elle est libre : elle peut donc, comme Descartes l'écrira plus tard au P. Mesland, se détourner de Dieu lui-même. Mais comment distinguer la chose matérielle de Dieu, en même temps que du *cogito* ? Elle est étendue, et l'étendue nous est donnée par idée claire : n'est-elle donc pas, comme le penseront Leibniz ou Berkeley, du type de la représentation ? Et, si l'on veut éviter de rattacher ainsi l'étendue au sujet connaissant, ne faut-il pas, avec Malebranche ou Spinoza, la placer en Dieu ? Pour Descartes, l'étendue n'est cependant ni en moi, ni en Dieu ; elle est l'attribut de la substance matérielle, laquelle est créée par Dieu, posée par Dieu hors de lui et hors de moi-même. Or, comment maintenir cette substantialité du Monde dans une philosophie qui professe la création continuée, et rejette aussi bien la suffisance d'une nature aristotélicienne que le dynamisme tel que l'entendra Leibniz ? Comment ne pas faire, de cette substance matérielle, qui ne se réduit pas à l'idée que j'en ai, et qui n'est, en elle-même, ni nature ni force, une réalité inconnaissable ? Et si la chose n'est pas identique à sa nature, si la substance dépasse l'attribut, puis-je maintenir que la physique porte vraiment sur l'être des choses, ou même conclure, avec Descartes, de la diversité des attributs à celle des substances ? Et Spinoza ne sera-t-il pas fondé à attribuer pensée et étendue à une substance unique ? En vérité, nous assistons, en 1644, à une sorte de renversement des conséquences de la véracité divine. En ses premières réflexions Descartes, pour rendre possible la physique et libérer la pensée, enlevait à la Nature toute opacité, la privait de tout fond ontologique, et ne reconnaissait d'autre transcendance que celle de Dieu. Et la véracité divine fondait la connaissance. Or, voici qu'elle fonde à présent, non plus la physique, mais l'être du Monde que la physique connaît. On peut se demander à bon droit si Descartes peut ainsi réaliser le Monde sans déclarer précisément que l'être du Monde dépasse la connaissance, donc sans ruiner les prétentions ontologiques de la physique elle-même.

L'examen de la physique des *Principes* peut justifier de telles craintes. L'affirmation ontologique de la matière semble, à maintes reprises, la paralyser. Descartes ne fait plus, dans les *Principes*, aucun état des découvertes mathématiques par lesquelles il a fait véritablement avancer la science de son temps. Il construit une sorte de roman de la Nature, dont on a pu dire qu'il ressemblait davantage à une cosmogonie antique, comme celle de

Lucrèce, qu'à un traité de physique moderne. A la place de raisons proprement physiciennes, nous trouvons parfois des arguments étranges, empruntés à une ontologie matérialiste : ainsi, l'hypothèse du vide est réfutée au nom du seul principe de substance, et par cette raison que l'espace ne saurait être l'attribut d'un « rien ». S'il y a de l'étendue, estime Descartes, il faut bien qu'il y ait une chose qui soit étendue : l'espace qui sépare les bords d'un vase est donc nécessairement plein de matière ; il est l'attribut d'une matière que Dieu lui-même ne pourrait supprimer sans faire se rejoindre les deux bords du vase. « Car il faut que deux corps s'entretouchent, lorsqu'il n'y a rien entre eux deux, parce qu'il y aurait de la contradiction que ces deux corps fussent éloignés, c'est-à-dire qu'il y eût de la distance de l'un à l'autre, et que néanmoins cette distance ne fût rien : car la distance est une propriété de l'étendue, qui ne saurait subsister sans quelque chose d'étendu » (*Principes*, II, 18). L'espace n'est donc plus ici un milieu, ou une forme : il est réalisé, il est l'attribut d'une chose.

De même l'affirmation de la matière, n'étant possible qu'à partir du sensible, remet en question le statut du sensible, et revalorise nécessairement les connaissances qu'il nous fournit. Certes, pour Descartes, c'est toujours l'entendement qui connaît, et le jugement proprement dit ne se compose que d'entendement et de volonté. A proprement parler, il n'y a donc pas d'erreur du sensible, et seuls les jugements qui, depuis notre enfance, se sont mêlés à ce que le pur sensible nous proposait vraiment, peuvent contenir erreur ou vérité. C'est pourquoi Descartes a reconsidéré la connaissance sensible, et distingué ce qui, en elle, est nature, et ce qui est coutume. C'est par nature que nous croyons à l'existence des choses : cette existence est donc fondée. C'est par habitude que nous pensons que les choses existent telles que nous les voyons, que les qualités sensibles sont dans les objets, que les affections ont leur siège en notre corps : mais il nous suffit ici de revenir à la distinction des idées pour dissiper ces erreurs et retrouver la vérité. N'est-il pas évident qu'un fragment d'étendue ne saurait éprouver de douleur ? Et que sont mes membres, sinon des fragments d'étendue ? Ce n'est donc que par confusion que je situe mes états affectifs dans mon corps. Et je ne saurais concevoir davantage une couleur, ou une chaleur, en un corps purement matériel. Croire que l'eau où je plonge ma main est, en elle-même, brûlante, c'est penser confusément que l'eau sent sa propre chaleur, c'est lui attribuer ma sensation, ce qui est l'absurdité même. Les qualités sensibles ne sont donc que des états de l'âme ; elles ne ressemblent en rien aux choses qui les causent en moi. Peut-on, cependant, diviser de la sorte les leçons du sensible, et déclarer que, les corps extérieurs et mon corps étant légitimement affirmés comme les causes de mes sensations, ils n'ont, quant à leur essence, rien de commun avec elles ? Peut-on strictement maintenir que le sensible me permet de connaître l'existence de choses dont, par ailleurs, une physique géométrique me révélerait seule la nature ? Mais, pour que la physique soit possible, il faut non seulement que les vérités géométriques soient appliquées à la matière en général, il faut que je puisse connaître les divers corps qui sont au monde, l'eau, l'air, les météores, l'arc-en-ciel, les planètes, le soleil et la lune : ce sont bien les objets que Descartes étudie. Or comment savoir qu'il y a un soleil et des planètes, sinon à partir du sensible ? La simple considération de la matière étendue et des lois du mouvement ne saurait me révéler la richesse du monde. Et s'il en est ainsi, ne faut-il pas accorder que les sens me font connaître, non seulement qu'il y a des choses, mais encore en quoi ces choses diffèrent entre elles, et par conséquent, dans une certaine mesure, ce que les choses sont. Seules mes sensations spécifient et particularisent mon expérience, et Descartes lui-même ne distingue l'élément du feu, propre au soleil et aux étoiles fixes, l'élément de l'air, propre aux cieux, l'élément de la terre, propre aux planètes et aux comètes, que par « ces trois différences », empruntées au sens de la vue, « être lumineux, être transparent, et être opaque ou obscur » (*Principes*, III, 52). L'expérience scientifique ne peut donc être totalement soustraite au critère des sensations.

Dans les *Principes de la Philosophie*, Descartes érige maintes fois l'expérience en juge de la validité de ses découvertes. On a parfois prétendu que dans la science cartésienne le rôle de l'expérience était seulement de nous permettre le choix entre des voies déductives, des chaînes de raisons également possibles. Mais, en réalité, le rôle de l'expérience est beaucoup plus grand, puisque les chaînes de raisons ne sont elles-mêmes forgées que pour rendre compte d'expériences initiales, dont la somme constitue ma perception du monde. Si je ne voyais pas le soleil et les étoiles, je ne me soucierais pas d'astronomie L'expérience sensible est donc la condition préalable de la science. Elle est ce dont la science doit rendre compte. Mais, de cette expérience, la science de Descartes rend compte par des lois mathématiques et mécaniques, lois d'un ordre différent du sien, et sans commune mesure avec elle. Il semble donc qu'on puisse, entre l'ordre de l'expérience et celui de la science, établir une sorte de correspondance sans parvenir jamais à les faire se rejoindre tout à fait, à déduire le sensible des lois, ou à tirer vraiment les lois du sensible. C'est pourquoi, à la fin des *Principes*, Descartes doit affirmer le caractère nécessairement hypothétique de la connaissance physique. La physique explique comment les choses peuvent être sans révéler avec certitude ce qu'elles sont. Car « Dieu a une infinité de divers moyens par chacun desquels il peut avoir fait que toutes les choses de ce monde paraissent telles que maintenant elles paraissent, sans qu'il soit possible à l'esprit humain de connaître lequel de tous ces moyens il a voulu employer à les faire » (*Principes*, IV, 204). Mais il suffit que les causes supposées par la science soient « telles que tous les effets qu'elles peuvent produire se trouvent semblables à ceux que nous voyons dans le monde ». Car je crois, ajoute Descartes, « qu'il est aussi utile pour la vie de connaître des causes ainsi imaginées que si on avait la connaissance des vraies ».

Il ne s'agit pas, en ceci, de donner à la connaissance de l'homme un statut de relativité, semblable, par exemple, à celui que lui accordera Kant. La véracité divine témoigne au contraire que la connaissance peut rejoindre et atteindre l'être. Mais ce dont il faut à présent convenir, c'est que cette probabilité, qu'en ses premiers travaux Descartes avait voulu si soigneusement bannir, doit nécessairement trouver place dans la science. De deux choses l'une en effet : ou bien la science est un langage cohérent, possédant en lui-même une vérité propre, de type mathématique, mais par nature inadéquat au réel, ou bien la vérité ne se définit que par rapport à la réalité. Affirmant que le monde était une fable, puis justifiant cette fable en la rapportant directement à Dieu, c'est-à-dire en légitimant l'idée comme telle, Descartes a d'abord semblé choisir la première solution. Mais la théorie de la véracité divine l'ayant finalement conduit à assimiler vérité et réalité, et à fonder la vérité de la physique sur l'être de la matière, il doit revenir au second point de vue. Dès lors, nous ne pouvons plus rejoindre la nature que par des hypothèses dont nous n'aurons jamais la certitude absolue qu'elles sont les vraies. Certes, il n'y a plus d'irréductibilité foncière entre la connaissance et le réel ; la connaissance n'est plus située dans un plan qui lui soit vraiment propre. Descartes, écrivant qu'il est aussi utile pour la vie de connaître l'explication qu'il propose que d'avoir la connaissance des « vraies » causes, estime qu'il y a de vraies causes, et qu'elles sont connaissables en droit. Mais nous ne serons jamais certains d'avoir atteint ces vraies causes, et notre savoir sera ainsi placé sous le signe d'une probabilité analogue à celle que peut atteindre l'interprète d'un chiffre (qui, lui aussi, juge par rapport à un sens réel). Car « si quelqu'un, pour deviner un chiffre écrit avec les lettres ordinaires, s'avise de lire un B partout où il y aura un A, et de lire un C partout où il y aura un B, et ainsi de substituer en la place de chaque lettre celle qui la suit en l'ordre de l'alphabet, et que, le lisant en cette façon, il y trouve des paroles qui aient du sens, il ne doutera point que ce ne soit le vrai sens de ce chiffre qu'il aura ainsi trouvé, bien qu'il se pût faire que celui qui l'a écrit y en ait mis un autre tout différent... Or si on considère combien de diverses propriétés de l'aimant, du feu, et de toutes les autres choses qui sont au monde, ont été très évidemment déduites d'un fort petit nombre de causes que j'ai proposées au commencement de ce traité, on ne laissera pas d'avoir pour le moins autant de raison de juger qu'elles sont les vraies causes de tout ce que j'en ai déduit qu'on en a de croire que l'on a trouvé le vrai sens d'un chiffre lorsqu'on le voit suivre de la signification qu'on a donnée par conjecture à chaque lettre » (*Principes*, IV, 205). Telle est la certitude « morale ». Et sans doute Descartes ajoute-t-il que, de la plupart des vérités qu'il enseigne « au moins » pour « les principales et plus générales », on peut avoir une « certitude plus que morale ». Mais cette certitude s'étend seulement « à tout ce qui est démontré dans la mathématique »..., « à la connaissance que nous avons qu'il y a des corps dans le monde »..., enfin « à toutes les choses qui peuvent être démontrées, touchant ces corps, par les principes de la mathématique ou par d'autres aussi évidents et certains » (*Principes*, IV, 206). Il est donc clair que le rêve de certitude universelle est ici abandonné : le probable a acquis droit de cité dans la science. Et, par une conséquence curieuse, c'est par l'effet de la véracité divine, considérée comme fondant l'être de la matière, qu'il en est ainsi. Car, une fois cet être affirmé, le langage scientifique, s'il n'est plus irréductible à l'être, apparaît du moins comme incertain. Nous ne saurons jamais « mathématiquement » si les hypothèses rejoignent la réalité, et si les mécanismes que nous supposons sont ceux que Dieu, unique auteur du Monde, a effectivement employés pour le construire. Ainsi le substantialisme de la matière entraîne à la fois la possibilité d'une connaissance ontologique, et l'impossibilité de la certitude totale à l'intérieur de cette connaissance. Mon savoir peut porter sur l'être ; mais je ne serai jamais certain de l'avoir atteint. Étant substance, la matière ne peut être tout à fait transparente à ma propre connaissance. En sorte que, pour d'autres raisons que dans le *Monde* ou la *Dioptrique*, mais comme dans le *Monde* et la *Dioptrique*, je ne pourrai jamais, avec certitude, dire « au vrai » ce que sont les choses.

S'il en est ainsi dans la physique, qui, selon l'image célèbre de 1647, figure le tronc de l'arbre philosophique, qu'en sera-t-il des branches de l'arbre : la mécanique, la morale et la médecine, ou du moins de ces deux dernières ? Car, pour fonder la morale et la médecine, il nous faudra non seulement considérer l'existence des corps externes, mais encore cet homme concret, formé de l'union, incompréhensible et pourtant évidente, d'une âme et d'un corps. Descartes a longtemps fait du corps un objet, étalé devant l'esprit, donc entièrement connaissable. Mais le corps vivant est aussi un sujet : il est le point de départ de l'action technique par laquelle j'insère mes projets dans le monde. Il est la source de l'affectif, de mes désirs, de mon existence vécue. Aussi, dans le *Discours* et surtout dans la *Méditation sixième*, après s'être conçue à titre de pur esprit, la pensée s'est-elle découverte comme liée, de la façon la plus intime, à un corps vécu et présent, à un corps dans lequel je ne suis pas seulement logé « ainsi qu'un pilote en son navire ». Car je ne vois pas les modifications de ce corps comme le pilote « aperçoit par la vue si quelque chose se rompt dans son vaisseau » ; je les sens du dedans, je les vis, j'en jouis ou j'en souffre : le corps est un sujet, il est moi-même. Or Descartes qui, dans l'enthousiasme de son premier espoir technicien, avait d'abord rêvé d'une médecine infaillible, pouvant réparer le corps comme on répare une machine, s'est de plus en plus persuadé que le désir et les indications de la nature étaient irremplacables, et nous indiquaient ce qui nous convenait mieux que ne le ferait toute science élaborée du dehors. La fin de l'*Entretien avec Burman* oppose ainsi à une médecine purement physicienne, qui se représenterait le corps dans l'espace et à titre d'objet, une médecine se réglant sur les désirs mêmes du malade, et où la nature parlerait du dedans. Mais on comprend qu'en ceci l'état affectif, qui traduit les besoins de mon corps, ne puisse conduire qu'au probable. Certes, l'affectif a une finalité, puisque le désir, la douleur, le plaisir nous indiquent à leur façon l'utile et le nuisible, donc ce qu'il convient de choisir. Et, cette finalité étant naturelle, on peut considérer à bon droit que la véracité divine la garantit en quelque façon. Mais la *Méditation sixième* nous a rappelé que l'hydropique désire boire, alors que boire lui fait mal. L'affectif n'est donc pas infaillible. Et en effet, provenant de mon corps, traduisant ses modifications en mon âme, il est irréductiblement le fait d'un mixte et laisse toujours quelque place à l'erreur. Aussi faut-il se contenter de penser que l'affectif nous indique plus généralement l'utile que le nuisible, et, une fois encore, se résoudre au probable. La médecine ne saurait dépasser ce niveau. Si elle se veut scientifique et technique, elle connaîtra toutes les incertitudes de la physique. Elle se privera en outre des lumières de l'instinct en un domaine où l'extraordinaire complexité du corps étudié les rend nécessaires. Si elle se veut instinctive, elle ne pourra éviter le risque des erreurs propres à l'affectivité.

Ainsi la matière est toujours, pour nous, source d'obscurité. Elle l'est comme matière physique. Elle l'est surtout comme matière de ce corps où notre esprit est incarné. Car rien n'est plus difficile à concevoir que cette incarnation, et que le rapport des deux substances qui nous constituent. La clarté et la distinction des idées d'âme et de corps conduisent à les séparer. Comment penser l'union d'une conscience et d'un fragment d'espace ? Comment comprendre que la volonté de lever mon bras puisse effectivement mouvoir sa matière, et que certains déplacements de la matière de mon corps se traduisent en plaisirs, en douleur ? De tels problèmes préoccupent particulièrement la princesse Élisabeth, qui, à partir de 1643, devient la principale correspondante de Descartes, et l'informe des difficultés qu'elle rencontre à concevoir l'union de l'âme et du corps selon les principes mêmes du cartésianisme, les exigences de la distinction des idées. La princesse vivait en exil à La Haye avec ses trois sœurs et sa mère (veuve de Frédéric roi de Bohême, et fille de Jacques Ier d'Angleterre). Manifestant pour les sciences et la philosophie le goût le plus vif, elle avait lu les *Méditations*. En 1642, Pollot écrit à Descartes pour l'en informer. Celui-ci entre alors en rapport avec Élisabeth et lui rend plusieurs fois visite : c'est là chose facile, La Haye n'est qu'à trois lieues d'Endegeest. En mai 1643, pourtant, il quitte Endegeest pour Egmond op den Hoef, où il va demeurer un an. Il lui est désormais malaisé de voir Élisabeth. Mais un échange de lettres tient lieu d'entretiens. Dès l'abord, ces lettres ont trait aux rapports de l'âme et du corps. Fidèle aux enseignements du cartésianisme, la princesse a peine à concevoir leur union. Descartes avoue que, de cette union, il n'a jusque-là « quasi rien dit ». Il renvoie Élisabeth à l'évidence des sens et de l'immédiat vécu. Pour caractériser l'union de l'âme et du corps, il invoque une troisième notion primitive (lettres du 21 mai et du 28 juin 1643). C'est, écrit-il, « en usant seulement de la vie et des conversations ordinaires, et en s'abstenant de méditer et d'étudier aux choses qui exercent l'imagination qu'on apprend à concevoir l'union de l'âme et du corps ». Renonçant à la règle même de la distinction des idées, il supplie Élisabeth « de vouloir librement attribuer... matière et... extension à l'âme, car cela n'est autre chose que la concevoir unie au corps ».

Ainsi, ayant d'abord rêvé de découvrir par philosophie le moyen de marcher dans la vie avec une infaillible assurance, Descartes semble avouer qu'on ne saurait à la fois philosopher et vivre. Le 29 juillet 1648, il écrira de même à Arnauld que l'expérience de l'union ne se peut éclairer « d'aucune comparaison ni d'aucune raison ». Une fois de plus, l'ordre de l'être et celui du connaître se séparent. Dans l'ordre du connaître, on ne peut que penser à part, clairement et distinctement, l'âme et le corps. Mais on ne peut rejoindre ainsi l'homme réel, ce « vrai homme » dont Descartes a toujours maintenu intacte la notion, et dont, dès le mois de janvier 1642, il rappelle à Regius qu'il est véritablement être et non rencontre, qu'il est « *ens per se* » et non « *per accidens* ». Condition de l'action technique, la connaissance claire est, par nature, inadaptée à l'ontologie. Et l'on voit que la métaphysique, d'abord appelée pour fonder l'espoir d'une science systématique et totale du réel, joue en fait dans l'ensemble de la philosophie cartésienne un tout autre rôle ; tant il est vrai que l'expérience métaphysique, loin de se pouvoir subordonner à une fin calculée, nous conduit toujours ailleurs que là où nous voulions aller. La métaphysique cartésienne situe la science par rapport à l'être. Elle montre toujours que l'être ne peut être scientifiquement connu. C'est le cas pour le moi et Dieu qui, manifestant la présence directe de l'être à la pensée, sont l'objet d'une connaissance supérieure à la scientifique et plus certaine qu'elle. Mais c'est aussi le cas pour l'être de la matière qui, considéré dans les corps extérieurs ou dans le mien, est toujours soustrait à la science véritable et ne s'offre, cette fois, qu'à une connaissance inférieure à la science, connaissance seulement probable, analogue pour ce qui est de la physique à la conjecture d'un déchiffrement, et, pour ce qui est de l'affectif, aux enseignements incertains du vécu. Mais, qu'il soit mieux ou moins bien connu que scientifiquement, il demeure que l'être n'est jamais, à proprement parler, scientifiquement connu. Ce qui est scientifiquement connu n'est pas l'être. Et c'est pourquoi la métaphysique cartésienne a pour essentielle fonction de situer le savoir par rapport à l'être, qui en un sens le fonde, et qui en un autre sens se dérobe à lui.

Et sans doute peut-on prétendre à bon droit que la métaphysique nous permet ainsi de ne sortir jamais du domaine de la certitude. Mais ce n'est assurément pas au sens où Descartes, l'avait d'abord désiré. Ce que nous permet en effet la métaphysique, c'est de ne pas confondre nos jugements probables et nos jugements certains, c'est de savoir avec certitude que nos jugements probables ne sont que probables. Ici se manifeste à nouveau la suprématie et la liberté de l'esprit, capable de distinguer le réel et ses idées, de situer sa propre connaissance par rapport à l'être et de mettre chaque chose à sa place. Mais le primat du *cogito* n'est pas idéaliste. Il n'est pas le primat d'un esprit capable de constituer le monde, ou la science du monde, par ses propres forces. Le *cogito* est, de toutes parts, dépassé par l'être, par l'Être de Dieu qui, à chaque instant, le crée, par l'être de la matière qui trouble son entendement et limite son savoir. Pour rester à mesure d'homme, la philosophie sera donc d'analyse et de séparation. Faut-il croire, cependant, que Descartes soit en échec ? Faut-il penser que son rêve premier de science universelle soit à jamais détruit ? Tout au contraire, en ses dernières années, Descartes sera repris par le souci d'une totale sagesse, et tentera d'édifier une morale.

5. Les dernières années. La doctrine de la liberté, la théorie des passions, la morale. L'humanisme cartésien.

Durant l'été de 1644, Descartes fait un voyage en France. Il revoit la Touraine et la Bretagne, est reçu par ses frères. A Paris, il fait la connaissance de Clerselier et du beau-frère de celui-ci, Chanut. Puis, en novembre, il revient en Hollande et s'installe à Egmond Binnen, non loin d'Egmond op den Hoef où il résidait précédemment. Cette même année 1644, il publie à Amsterdam une version latine, revue par lui, du *Discours de la Méthode* et des *Essais* (moins la *Géométrie*). Il fait de nombreuses expériences sur la formation du fœtus : ces expériences se poursuivront les années suivantes et, le 2 novembre 1646, Descartes écrira à Mersenne : « Pour la formation des poulets dans l'œuf, il y a plus de quinze ans que j'ai lu ce que *Fabricius ab Aquapendente* en a écrit, et même j'ai quelquefois cassé des œufs pour voir cette expérience. Mais j'ai eu bien plus de curiosité ; car j'ai fait autrefois tuer une vache, que je savais avoir conçu peu de temps auparavant, exprès afin d'en voir le fruit. Et ayant appris, par après, que les bouchers de ce pays en tuent souvent qui se rencontrent pleines, j'ai fait qu'ils m'ont apporté plus d'une douzaine de ventres dans lesquels il y avait de petits veaux, les uns grands comme des souris, les autres comme des rats, et les autres comme des petits chiens, où j'ai pu observer beaucoup plus de choses qu'en des poulets, à cause que les organes y sont plus grands et plus visibles. » Ces expériences préludent à la rédaction, en 1648, de plusieurs passages des *Primae cogitationes circa generationem animalium*, et de la *Description du corps humain* ou *Traité de la formation du fœtus*, ouvrage qui sera publié en 1664 à la suite du *Traité de l'Homme*.

Descartes n'abandonne pas pour autant ses réflexions proprement philosophiques. En particulier, c'est dans les lettres de 1644 et de 1645 au P. Mesland qu'il expose avec le plus de détail et de profondeur sa doctrine de la liberté. Certes, dès les *Cogitationes privatae*, il s'émerveillait de la liberté humaine : « *Tria mirabilia fecit Dominus*, écrivait-il ; *res ex nihilo, liberum arbitrium et hominem deum*[1]. » Mais, jusqu'aux *Méditations*, il ne semble pas avoir beaucoup réfléchi sur ce libre arbitre qui l'émerveillait. Il admet seulement avec saint Thomas que l'on ne peut rien désirer que sous l'aspect du bien, et que, si nous connaissions toujours le vrai et le bien, nous les choisirions nécessairement : « Il suffit de bien juger pour bien faire, écrit-il à Mersenne le 27 avril 1637 ; *omnis peccans est ignorans*[2]. » La *Méditation quatrième*, qui constitue son premier grand texte sur la liberté, ne modifie guère ce point de vue : elle subordonne la liberté au savoir, met en lumière qu'être libre, c'est agir en connaissance de cause et selon ce qu'on croit être le meilleur. Sans doute Descartes remarque-t-il au passage que la volonté « consiste seulement en ce que nous pouvons faire une chose ou ne la faire pas ». Mais il n'étudie guère ce pouvoir de choix. Aussi, plutôt que de libre arbitre, est-il question, dans la *Méditation quatrième*, de cette liberté éclairée qui se porte vers le vrai et vers le bien, et, par opposition à elle, d'une liberté d'indifférence qui naît de l'erreur plus encore qu'elle ne l'engendre, ou, plus exactement, qui a sa source dans l'insuffisance de notre savoir. Descartes déclare que l'indifférence est « le plus bas degré de la

1. « Dieu est l'auteur de trois prodiges : la création du monde à partir de rien, celle du libre arbitre et celle de l'homme pareil à un dieu. »

2. « Tout pécheur l'est par ignorance. »

liberté », qu'elle « fait plutôt paraître un défaut dans la connaissance qu'une perfection dans la volonté ». Il semble ainsi négliger l'une des composantes essentielles de notre conscience de la liberté, oublier ce qui, dans cette conscience, nous avertit que nous sommes capables de choisir un parti quelconque. Qui, cependant, se sentirait libre, même en faisant le bien, s'il ne sentait en même temps que, ce bien qu'il aperçoit et qui détermine téléologiquement son acte, il pourrait, s'il le voulait, ne pas le faire ? Mais la recherche des *Méditations* est tout entière recherche de la vérité : elle ne pose donc pas le problème de son refus. La *Méditation quatrième* attribue l'erreur à notre défaut, à notre imperfection ; elle n'aperçoit pas, en notre pouvoir de pécher, le signe même de notre grandeur.

Dans les *Principes*, le style a déjà changé. « On ne donne point aux machines qu'on voit se mouvoir en plusieurs façons diverses, aussi justement qu'on saurait désirer, des louanges qui se rapportent véritablement à elles » (*Principes*, I, 37). Et le texte latin précise : « *Magis profecto nobis tribuendum est quod verum amplectamur, cum amplectimur, quia voluntarie agimus, quam si non possemus non amplecti*[1]. » Ici apparaît donc la notion de mérite, et, avec elle, celle de notre pouvoir de ne pas embrasser le vrai, si nous le voulons. Pourtant, Descartes hésite encore à admettre que l'on puisse nier l'évidence au moment où on l'aperçoit. La lettre à Mesland du 2 mai 1644, qui signale pourtant, en la liberté, la « puissance réelle et positive de se déterminer », déclare encore : « Il est, ce me semble, certain que *ex magna luce in intellectu sequitur magna propensio in voluntate*[2] ; en sorte que, voyant très clairement qu'une chose nous est propre, il

1. « Dans le choix du vrai, on doit nous reconnaître plus de mérite lorsque nous le choisissons par une détermination de notre propre volonté, plutôt que sous une contrainte étrangère. »

2. « D'une grande clarté dans l'entendement, s'ensuit une forte inclination dans la volonté. »

est très malaisé et même, je crois, impossible, pendant qu'on demeure en cette pensée, d'arrêter le cours de notre désir. » Et sans doute, dans la même lettre, Descartes signale-t-il que nous pouvons nous détourner du vrai et du bien en cessant d'y faire attention. Mais il hésite à reconnaître en l'homme le pouvoir de refuser l'évidence en présence de l'évidence même. Ce pouvoir, il ne le reconnaîtra explicitement que dans la lettre à Mesland du 9 février 1645 (longtemps prise pour une lettre à Mersenne de mai 1641, par une erreur qui se rencontre encore chez de nombreux commentateurs). En cette lettre, il distingue avec la plus grande netteté deux sens du mot indifférence. Il est une indifférence négative, liée à l'ignorance, et qui est le propre de la volonté « lorsque nulle perception du vrai ou du bien ne l'engage à suivre un parti plutôt que l'autre ». C'est dans cette indifférence que la *Méditation quatrième* a vu le plus bas degré de la liberté. Mais il y a aussi une indifférence positive, pure faculté de choix, et qui conserve son pouvoir d'opter même devant le vrai et le bien clairement aperçus. « Quand une raison fort évidente nous pousse exclusivement à l'un des deux partis, quoique, moralement parlant, nous puissions à peine embrasser le parti contraire, absolument parlant, cependant, nous le pouvons. » Et Descartes va jusqu'à déclarer qu'en ce sens nous faisons preuve d'une liberté plus grande lorsque, voyant le meilleur, nous prenons le parti du pire. Il y a donc une possibilité de refus du vrai et du bien en pleine clarté, qui constitue l'essence tragique de la liberté humaine. Et sans doute le choix du mal peut-il, en quelque façon, rentrer encore dans le cadre d'une conception thomiste. Pour choisir le mal, il faut en effet « que nous considérions comme un bien de témoigner ainsi de notre liberté ». Mais il n'y a là aucune concession, puisque le bien dont il est question n'est autre que notre liberté même. On ne peut donc prétendre qu'en le poursuivant l'homme se soumette le moins du monde à une fin extérieure à lui. Bien plutôt il ne suit et n'affirme que soi. Ici se retrouve cette liberté absolue de l'individu que manifestaient déjà le doute et le *cogito*. Mais ce pouvoir de choisir, qui me constitue, s'exerce dans un monde déjà là, et au sein de valeurs et de vérités créées par Dieu. Si donc ma liberté ne se soumet pas à mon entendement, elle n'est plus que puissance d'erreur : en m'affirmant par elle, je me tourne vers le néant. Et tel est le péché. Ainsi, ce qui constitue mon être et apparaît comme le fondement de mes mérites est aussi, indissolublement, la raison de ma perte. Et la morale cartésienne reçoit de la sorte un premier cadre, d'ordre métaphysique. Il faut adhérer au vrai et à l'être, ce qui implique quelque soumission : ici la passivité de l'entendement, qui nous révèle les idées, voulues par Dieu, vient ordonner et fournir une matière à la vertu d'obéissance, chère aux jésuites de La Flèche.

Les lettres à Mesland traitent aussi de la transsubstantiation, et nous ramènent à la théologie. Mais, sur ce point, Descartes ne donne son opinion qu'« en confidence », et prie Mesland de ne pas la communiquer. En effet, en de telles matières, tout l'invite à la prudence. Les attaques des jésuites contre sa philosophie l'ont fort peiné : encore, sur ce point, s'est-il expliqué librement (ainsi dans son *Épître au P. Dinet*), et sans apparente crainte. Mais les choses vont autrement avec Vœtius. L'*Epistola Renati Descartes ad celeberrimum Virum Gisbertum Vœtium*, parue en 1643, n'avait pas, il va sans dire, arrangé les choses. Le conseil de ville (Vroedschap) d'Utrecht prend la défense de Voët, interdit la vente de la lettre de Descartes, et somme celui-ci de faire la preuve de ses assertions. Descartes, de son côté, obtient un jugement favorable de l'Université de Groningue, fait intervenir l'ambassadeur de France, et, en juin 1645, adresse une *Lettre au Vroedschap d'Utrecht*. Mais il se fâche avec Regius, et contre un placard inspiré par ce dernier, écrit ses *Notae in Programma*. En 1647, la querelle reprend avec l'Université de Leyde : ce sont, cette fois, les théologiens Revius et Triglandius qui attaquent ; Descartes répond par sa *Lettre aux Curateurs de l'Université de Leyde*, et le conflit s'envenime jusqu'à ce que le prince d'Orange impose silence aux anti-cartésiens. Mais Descartes est excédé par de telles querelles. Dès 1645 il écrit à Pollot : « Depuis mon voyage en France, je suis devenu plus vieux de vingt ans que je n'étais l'année passée. » Et il songe, dès lors, à quitter la Hollande pour la France, où il se rend en effet en 1647 et en 1648. Ses amis lui font obtenir une pension royale (que, du reste, il ne touche pas), et lui conseillent de revenir en son pays. En 1647, Descartes rencontre à Paris le jeune Blaise Pascal, avec lequel il s'entretient du vide. Il lui suggère, si du moins l'on en croit ses lettres à Mersenne et à Carcavi, ses fameuses expériences du Puy-de-Dôme. « J'avais averti M. Pascal, écrit-il en effet le 13 décembre 1647 à Mersenne, d'expérimenter si le vif-argent montait aussi haut lorsqu'on est au-dessus d'une montagne que lorsqu'on est tout au bas. » Et plus nettement encore il écrira le 17 août 1649 à Carcavi : « Je vous suis obligé de la peine que vous avez prise de m'écrire le succès de l'expérience de M. Pascal touchant le vif-argent, qui monte moins haut dans un tuyau qui est sur une montagne que dans celui qui est dans un lieu plus bas... C'est moi qui l'avais prié, il y a deux ans, de vouloir la faire, et je l'avais assuré du succès comme étant entièrement conforme à mes principes, sans quoi il n'eût eu garde d'y penser, à cause qu'il était d'opinion contraire. » Et, en 1647, il rencontre à Paris Roberval, Hobbes et Gassendi.

Mais, décidément, la France ne lui plaît pas. Il y est gêné par les importuns, et n'y trouve pas la paix. Il est vrai que son second voyage coïncide avec le début de la Fronde. Ses confidences à Chanut résument à merveille ses impressions : « J'étais bien aise, écrit-il le 26 février 1649, de ne rien écrire de mon retour, afin de ne sembler point le reprocher à ceux qui m'avaient appelé. Je les ai considérés comme des amis qui m'avaient convié à dîner chez eux ; et lorsque j'y suis arrivé, j'ai trouvé que leur cuisine était en désordre, et leur marmite renversée ; c'est pourquoi je m'en suis revenu sans dire un mot, afin de n'augmenter point leur fâcherie. Mais cette rencontre m'a enseigné à n'entreprendre jamais plus aucun voyage sur des promesses, quoiqu'elles soient écrites en parchemin. » Et, le 31 mars encore : « Il semble que la fortune est jalouse de ce que je n'ai jamais rien voulu attendre d'elle, et que j'ai tâché de conduire ma vie en telle sorte qu'elle n'eût sur moi aucun pouvoir ; car elle ne manque jamais de me désobliger, sitôt qu'elle en peut avoir quelque occasion. Je l'ai éprouvé en tous les trois voyages que j'ai faits en France, depuis que je suis retiré en ce pays, mais particulièrement au dernier, qui m'avait été commandé comme de la part du Roi. Et pour me convier à le faire, on m'avait envoyé des lettres en parchemin, et fort bien scellées, qui contenaient des éloges plus grands que je n'en méritais, et le don d'une pension assez honnête. Et de plus, par des lettres particulières de ceux qui m'envoyaient celles du Roi, on me promettait beaucoup plus que cela, sitôt que je serais arrivé. Mais, lorsque j'ai été là, les troubles inopinément survenus ont fait qu'au lieu de voir quelques effets de ce qu'on m'avait promis, j'ai trouvé qu'on avait fait payer par l'un de mes proches les expéditions des lettres qu'on m'avait envoyées, et que je lui en devais rendre l'argent ; en sorte qu'il semble que je n'étais allé à Paris que pour acheter un parchemin, le plus cher et le plus inutile qui ait jamais été entre mes mains. Je me soucie néanmoins fort peu de cela : je ne l'aurais attribué qu'à la fâcheuse rencontre des affaires publiques, et n'eusse pas laissé d'être satisfait, si j'eusse vu que mon voyage eût pu servir de quelque chose à ceux qui m'avaient appelé. Mais ce qui m'a le plus dégoûté, c'est qu'aucun d'eux n'a témoigné vouloir connaître autre chose de moi que mon visage ; en sorte que j'ai sujet de croire qu'ils me voulaient seulement avoir en France comme un éléphant ou une panthère, à cause de la rareté, et non point pour y être utile à quelque chose. »

Descartes revient donc en Hollande, malgré les ennuis

que lui ont causés les théologiens de ce pays. Il y voit peu de monde et protège sa retraite. En 1647 il avait publié, après les avoir revues, une traduction française des *Méditations* due au duc de Luynes et à Clerselier, et une traduction des *Principes de la Philosophie*, due à l'abbé Picot et augmentée d'une importante lettre - préface. Il songe donc toujours à répandre sa philosophie. Il en médite les difficultés, en défend les conséquences. En 1649, il est conduit, par sa discussion avec Morus, à préciser encore sa conception de la matière. Le philosophe anglais Henri Morus voit dans l'étendue cartésienne une réalité absolue et incréée. Et il faut avouer que Descartes lui donne quelque occasion de se tromper sur ce point. Ne semblant d'abord reconnaître de caractère incompréhensible qu'à l'infini divin, n'insiste-t-il pas au contraire, dans la dernière période de sa vie, sur l'aspect ontologique d'un monde qui, de toutes parts, dépasse la pensée ? Le 6 juin 1647, il écrit à Chanut que les bornes du monde ne peuvent être comprises ; le 5 février 1649, il déclare à Morus que notre esprit n'est la mesure « ni des choses, ni de la vérité », mais seulement « de ce que nous affirmons ou nions ». Morus est, dès lors, fondé à penser que Descartes reprend une vieille thèse néoplatonicienne selon laquelle l'espace est une réalité propre et substantielle, riche de toutes les déterminations positives qui apparaissent en lui. Cette étendue réelle, infinie, immuable, ne possède-t-elle pas les traits de la divinité ? Mais l'étendue cartésienne, si elle est substance, n'est pas substance au sens divin. Descartes le rappelle, indique que le mot de substance n'est pas univoque en ce qui concerne Dieu et les choses créées, et pour éviter toute erreur réserve à Dieu le nom d'infini, n'employant que le mot « indéfini » en ce qui touche l'espace. Ainsi, la hiérarchie se maintient. Mais il faut convenir que l'antinaturalisme cartésien a perdu beaucoup de sa rigueur. Descartes affirme l'être du monde, se soucie de l'homme concret. Et ses dernières réflexions porteront sur les effets, en nous, de cette matière que d'abord il avait voulu connaître à titre de pur objet. Le jeune Descartes ne pensait guère au corps que comme étalé, à titre de docile machine, devant l'esprit. Le Descartes vieillissant, et qui approche de la mort, sent que son corps ne se peut séparer de lui-même. Il éprouve du dedans son poids, sa détermination. L'âme n'est pas seulement le lieu des idées, elle est le siège des passions.

Il semble cependant que, plus encore que ses propres soucis, les malheurs d'Élisabeth aient été la source de ses réflexions sur les passions, réflexions dont l'ensemble constitue ce qu'on nomme souvent la « morale » cartésienne. Interrogé par Élisabeth, mis au courant de ses ennuis, pressé de leur trouver un remède, Descartes entreprend d'écrire sur la morale, ce qui, nous apprend l'*Entretien avec Burman*, était contre son goût. Voulant aider Élisabeth à vivre, il lui affirme que le bonheur est toujours accessible, puis, le 21 juillet 1645, commence à l'entretenir « des moyens que la philosophie nous enseigne pour acquérir cette souveraine félicité que les âmes vulgaires attendent en vain de la fortune, et que nous ne saurions avoir que de nous-mêmes ». Il paraît donc revenir, selon son premier rêve, à une science de la conduite et des fins. Le 4 août 1645, il précise que « la plus grande félicité de l'homme » dépend du « droit usage de la raison », et le 1er septembre il écrit encore : « Il n'y a aucune chose qui nous puisse entièrement ôter le moyen de nous rendre heureux, pourvu qu'elle ne trouble point notre raison. » Car seule notre raison nous permet « d'examiner la juste valeur » des biens. De quelle raison s'agit-il pourtant ? Non certes d'une raison purement scientifique, ou mathématicienne, qui ne peut connaître que des rapports de grandeurs. Affirmant le 15 septembre que l'âme est plus « noble » que le corps, et reconnaissant que « si un homme vaut plus, lui seul, que tout le reste de sa ville, il n'aurait pas raison de se vouloir perdre pour la sauver », Descartes fait appel à une raison appréciative, capable de hiérarchiser les biens. Or la raison ne peut être appréciative qu'en ce qu'elle est ontologique, en ce qu'elle distingue l'ordre de l'être de celui de l'objet, en ce qu'elle reconnaît plus d'être à Dieu qu'à l'âme et à l'âme qu'à la matière. Pour Descartes comme pour Spinoza, Leibniz ou Malebranche, une chose a d'autant plus de prix qu'elle a plus d'être, et le mot « perfection » désigne indissolublement ce que nous appelons valeur et ce que nous appelons réalité. C'est pourquoi la métaphysique, établissant que l'âme est supérieure au corps et nous conduisant à reporter toute notre admiration sur la liberté et sur Dieu, est bien la racine de l'arbre dont la morale est une branche.

Mais il ne faut pas oublier non plus que, de cet arbre, la physique est le tronc. La morale de Descartes, considérée comme art d'être heureux, sera donc étroitement liée à la médecine et, dans la Réponse à la deuxième lettre précédant le *Traité des passions*, Descartes affirmera qu'il a voulu parler des passions « en physicien ». Ainsi, pour donner une solution au problème moral, qui demeure essentiellement pour lui celui du bonheur, il fait appel à toutes les données de sa philosophie. Malgré ses emprunts aux doctrines de l'Antiquité, on ne peut dire avec certains commentateurs que sa morale soit stoïcienne, ou avec d'autres qu'elle se contente de mêler au stoïcisme quelque épicurisme, ou encore qu'elle juxtapose sans cohérence à la résignation stoïcienne un idéal moderne de domination. Certes, tous ces éléments peuvent se découvrir dans les conseils de Descartes à Élisabeth, où apparaît aussi une inspiration proprement chrétienne, qu'il ne faut pas non plus négliger. Mais, si elle ne réussit pas à se constituer en système, la morale cartésienne n'est pas une simple juxtaposition de préceptes divers. Elle demeure profondément personnelle et ne se comprend que par l'évolution d'une pensée qui, après avoir cru possible une science unique et universelle, a situé la science et distingué des plans de réalité. Descartes sait à présent où est l'être, et où il n'est pas. Et il sait aussi que les voies d'accès à la vérité sont multiples, qu'une certitude totale ne peut être atteinte en tous les domaines. « La nature de l'homme n'est pas de tout savoir », écrit-il à Élisabeth le 6 octobre 1645. Mais, lui disait-il le 4 août, « il n'est pas nécessaire que notre raison ne se trompe point ; il suffit que notre conscience nous témoigne que nous n'avons jamais manqué de résolution et de vertu pour exécuter toutes les choses que nous avons jugé être les meilleures ». En ceci, la morale cartésienne apparaît comme une morale de l'intention. Mais nous sommes fort loin du kantisme. Descartes valorise l'intention parce que, d'une part, la connaissance objective et certaine des fins à poursuivre est impossible, parce que, d'autre part, ce qui a le plus d'être en nous est la volonté qui choisit. La direction de cette volonté selon l'idée du Bien (et non selon la connaissance du Bien, qui nous est inaccessible) sera donc pour nous la suprême valeur.

Les réflexions morales occupent presque entièrement les dernières années de Descartes. Elles inspirent presque toutes les lettres à Élisabeth, à Chanut, à la reine Christine. Descartes, cependant, songe bientôt à dégager de ses observations celles qui ont un rapport plus étroit aux passions humaines et, dès le mois de mai 1646, il trace un « premier crayon » de ce qui sera le *Traité des passions*. La physique a étudié la matière, la métaphysique a traité de l'esprit. Descartes doit maintenant considérer cette troisième notion primitive qu'est l'union de l'âme et du corps, et sa conséquence essentielle : l'affectivité. C'est en effet l'affectivité tout entière que désigne le terme cartésien de « passion ». Et le traité qui, sous le titre *Les passions de l'âme*, paraît en 1649, est dominé par deux principes, que l'on pourrait appeler d'appartenance substantielle et de causalité : les passions appartiennent à l'âme, et à l'âme seule ; elles sont des modes de sa substance, elles sont des pensées. Mais elles ne sont pas causées par l'âme ; elles sont, dans l'âme, ce qui est causé par le corps. Et c'est en cela qu'elles sont passions : « Tout ce qui se fait ou qui arrive de nouveau est généralement appelé par les philosophes une passion au regard du sujet auquel il arrive, et une action au regard de celui qui fait qu'il arrive. » Ainsi, ce qui est passion de l'âme provient d'une action du corps.

Descartes commence donc par résumer sa physiologie. Ici se maintient un strict mécanisme : la diversité des impressions sensibles, la structure de notre corps expliquent, indépendamment de notre volonté, l'entrée en tel ou tel nerf, puis en tel ou tel muscle, de ces « esprits animaux » qui sont le principe unique de nos mouvements (les esprits animaux, purement matériels, sont eux-mêmes formés des parties « les plus vives et les plus subtiles » du sang). Or, « l'étroite alliance qui est entre l'âme et le corps » fait que le mouvement des esprits animaux cause, entretient et fortifie dans l'âme les « passions » : celles-ci sont donc des sortes de perceptions confuses, rapportées à l'âme, mais dont le mouvement des esprits est la « dernière et plus prochaine cause ». Dans le cas des mouvements involontaires, où les esprits se précipitent dans les muscles au simple appel des modifications causées par les impressions sensibles, l'âme, que Descartes se représente comme particulièrement unie à la glande pinéale, au centre du cerveau, subit en effet ce que, si elle était liberté pure, elle devrait causer. Ainsi naissent en elle les passions, qui n'ont rien de commun avec cette passion essentielle qu'elle éprouve devant les idées et qui constitue sa connaissance claire. Dans le domaine de l'affectif, tout est, par nature, confusion. Une figure « fort étrange et fort effroyable », ayant « beaucoup de rapport avec les choses qui ont été auparavant nuisibles au corps », se présente-t-elle à moi (Art. 36) ? Aussitôt les esprits vont se rendre « partie dans les nerfs qui servent à tourner le dos et remuer les jambes pour s'enfuir, et partie en ceux qui élargissent ou étrécissent tellement les orifices du cœur ou bien qui agitent tellement les autres parties d'où le sang lui est envoyé, que ce sang y étant raréfié d'autre façon que de coutume, il envoie des esprits au cerveau qui sont propres à entretenir et fortifier la passion de la peur, c'est-à-dire qui sont propres à tenir ouverts ou bien à ouvrir derechef les pores du cerveau qui les conduisent dans les mêmes nerfs ». La peur s'explique donc, non par la conscience de la fuite, mais plutôt par l'action sur l'âme des esprits qui, au niveau de la glande pinéale, se dirigent vers les nerfs et les muscles aptes à commander la fuite. L'âme sent un équivalent de la volonté de fuir, qui n'est pas cependant la volonté de fuir. Et il en est de même dans les autres passions.

On comprend que les passions « incitent et disposent » l'âme des hommes « à vouloir les choses auxquelles elles préparent leur corps » (Art. 40). Le *Traité* révèle ainsi l'opposition et le conflit des deux sources possibles du mouvement des esprits. Ce mouvement peut être causé par l'âme, et par l'intermédiaire de la glande pinéale : il est alors volontaire. Il peut être spontané, et dès lors, subi par l'âme unie à la glande pinéale : il est alors passionnel : « Et ce n'est qu'en la répugnance qui est entre les mouvements que le corps par ses esprits et l'âme par sa volonté tendent à exciter en même temps dans la glande que consistent tous les combats qu'on a coutume d'imaginer entre la partie inférieure de l'âme qu'on nomme sensitive et la supérieure, qui est raisonnable, ou bien entre les appétits naturels et la volonté ; car il n'y a en nous qu'une seule âme, et cette âme n'a en soi aucune diversité de parties : la même qui est sensitive est raisonnable, et tous ses appétits sont des volontés. L'erreur qu'on a commise en lui faisant jouer divers personnages qui sont ordinairement contraires les uns aux autres ne vient que de ce qu'on n'a pas bien distingué ses fonctions d'avec celles du corps, auquel seul on doit attribuer tout ce qui peut être remarqué en nous qui répugne à notre raison : en sorte qu'il n'y a point en ceci d'autre combat sinon que la petite glande qui est au milieu du cerveau pouvant être poussée d'un côté par l'âme et de l'autre par les esprits animaux, qui ne sont que des corps, ainsi que j'ai dit ci-dessus, il arrive souvent que ces deux impulsions sont contraires, et que la plus forte empêche l'effet de l'autre » (Art. 47).

Descartes, qui croit à la puissance absolue de notre liberté, va-t-il donc nous conseiller de raidir notre vouloir et de nous opposer directement aux mouvements passionnels ? Ou va-t-il, puisqu'il tient le corps pour une machine, essayer de modifier ce dernier et lutter contre les passions par médecine ? L'un et l'autre projet seraient les conséquences logiques de sa philosophie. Mais le *Traité des passions* nous en propose un troisième. Car Descartes n'ignore pas les limites de fait d'une volonté qui ne saurait se maintenir toujours en état de tension, et il sait bien que la connaissance qu'il a acquise du corps humain n'est pas parfaite : les *Principes* devaient, à l'origine, comprendre une cinquième et une sixième parties relatives à l'Homme ; mais « faute d'expériences » Descartes n'est pas ici parvenu à se satisfaire tout à fait. C'est pourquoi il choisit une troisième voie, et accorde place à ce naturalisme que, tout d'abord, il voulait si soigneusement éviter. L'espèce de garantie que, dans la *Méditation sixième*, la véracité divine a donnée à l'affectif le lui permet. Les passions sont instituées de la nature, elles sont donc, en leur principe, « toutes bonnes ». Leur usage est « d'inciter l'âme à consentir et contribuer aux actions qui peuvent servir à conserver le corps, ou à le rendre en quelque façon plus parfait » (Art. 137). L'âme n'a donc pas à les contrarier ni à les rejeter : elle doit seulement les utiliser et s'en rendre maîtresse. Pour cela, au lieu d'avoir recours à l'art de quelque médecin étranger qui agirait sur le corps selon les principes du mécanisme, elle doit d'abord en passer par les chemins de l'instinct, et diriger ses passions en faisant appel à la nature même. Car la nature i' s'en faut souvenir, n'a pas joint les mouvements corporels à la volonté de produire directement ces mouvements, mais à la volonté d'atteindre la fin à laquelle ces mouvements collaborent. Ma prunelle s'élargit quand je veux regarder au loin, et non quand je veux élargir ma prunelle (Art. 44). Il serait donc vain de vouloir s'opposer aux passions en agissant sur les mouvements corporels eux-mêmes, distinctement pensés. Il faut plutôt, pour dominer ses passions, se représenter les choses « qui ont coutume d'être jointes avec les passions que nous voulons avoir et qui sont contraires à celles que nous voulons rejeter » (Art. 45). Ainsi, la médecine naturaliste et la morale se substituent nécessairement à la médecine mécaniste : nous ne pouvons modifier le corps qu'en modifiant nos pensées ; la nature, qui a joint tel mouvement du corps à telle pensée, fera le reste. Pourtant, cette utilisation de la nature n'empêche pas que nous soyons souvent capables de renverser la nature elle-même en modifiant ses associations ; ici le schéma mécaniste, qui domina longtemps la pensée cartésienne, réapparaît. Car la liaison naturellement établie entre un mouvement et une pensée n'est pas d'un autre ordre qu'une liaison habituelle et associative. La nature est homogène à l'habitude. L'habitude peut donc se substituer à elle. « Ainsi, lorsqu'un chien voit une perdrix, il est naturellement porté à courir vers elle ; et lorsqu'il oit tirer un fusil, ce bruit l'incite naturellement à s'enfuir : mais néanmoins on dresse ordinairement les chiens couchants en telle sorte que la vue d'une perdrix fait qu'ils s'arrêtent, et que le bruit qu'ils oient après, lorsqu'on tire sur elle, fait qu'ils y accourent. Or ces choses sont utiles à savoir pour donner le courage à un chacun d'étudier à regarder ses passions ; car, puisqu'on peut, avec un peu d'industrie, changer les mouvements du cerveau dans les animaux dépourvus de raison, il est évident qu'on le peut encore mieux dans les hommes, et que ceux même qui ont les plus faibles âmes pourraient acquérir un empire très absolu sur toutes leurs passions, si on employait assez d'industrie à les dresser et à les conduire » (Art. 50).

Les six passions « primitives » sont l'admiration, l'amour, la haine, le désir, la joie et la tristesse. Toutes les autres en tirent leur origine : elles sont composées de ces passions primitives, ou sont leurs espèces. Plutôt que de passions, il conviendrait pourtant de parler ici de sentiments, car, s'il est un amour-passion, et une joie-passion, il existe aussi un amour intellectuel, et une joie intellectuelle. Chaque sentiment primitif a une véritable essence : ainsi l'amour est toujours l'amour, et les « passions qu'un ambitieux a pour la gloire, un avaricieux pour l'argent, un ivrogne pour le vin, un brutal pour une femme qu'il veut violer, un homme d'honneur pour son ami ou pour sa maîtresse, et un bon père pour ses enfants », pour différentes qu'elles soient, « toutefois en ce qu'elles participent de l'amour, elles sont semblables » (Art. 82). Mais le sentiment a deux déterminations possibles : une détermination par le corps et ses habitudes, une détermination par l'esprit et le jugement. Et c'est l'unité d'essence du sentiment qui permet sa conversion, et le passage, selon les termes de la lettre du 1er février 1647 à Chanut, de l'amour « qui est une passion », c'est-à-dire qui a sa source en notre corps, à l'amour « qui est purement intellectuelle ». Ainsi les passions peuvent être corrigées, et nous pouvons nous élever à la sagesse par la connaissance des véritables biens. La passion a pour fin le corps seul, elle est information sur l'état du corps, et instrument pour sa conservation. Mais si l'âme est unie au corps, elle n'en demeure pas moins supérieure à lui et elle a ses biens propres. Elle peut donc, non seulement rectifier les erreurs que les passions peuvent commettre en se limitant au domaine du vécu, mais opposer aux biens passionnels, qui demeurent d'ordre biologique, les valeurs propres de la raison. Et il est clair que c'est seulement par la considération des biens véritables que pourrait être atteinte cette félicité totale, et purement intérieure, que nul événement contingent, nulle atteinte corporelle ne pourraient désormais venir troubler.

Le *Traité des passions*, pourtant, ne nous engage guère en cette voie. C'est dans les lettres à Élisabeth et à Chanut que se trouve l'expression d'une morale métaphysique, fondée sur l'amour de Dieu, et telle que celui qui la cultive « ne craint plus ni la mort, ni les douleurs, ni les disgrâces pour ce qu'il sait que rien ne lui peut arriver que ce que Dieu aura décrété ». Le *Traité des passions* nous fournit cependant plusieurs principes de choix entre nos passions elles-mêmes, principes différents selon qu'on considère les passions « en tant qu'elles se rapportent au corps », c'est-à-dire selon l'action qu'elles entraînent, ou « en tant qu'elles appartiennent à l'âme ». En ce second sens, « la joie ne peut manquer d'être bonne, ni la tristesse d'être mauvaise » (Art. 140). Tantôt donc, raisonnant selon la prudence et l'utilité du corps, Descartes fonde et justifie toutes les passions, accordant même quelque avantage à celles qui, comme la tristesse et la haine, nous renseignent sur les maux qui nous menacent, tantôt, considérant la seule qualité propre des passions, il prétend ne laisser demeurer en notre âme que la joie et l'amour. Car il veut à la fois agir de la façon la plus efficace et la plus lucide, et ne pas renoncer à l'assurance du bonheur. Il nous conseille donc de faire d'abord de notre mieux, puis, l'action accomplie, de tenir le cours des choses pour nécessaire et de l'accepter tel qu'il est. Et il faut convenir qu'il adopte en l'espèce deux attitudes difficiles à concilier. La première suppose dans le monde quelque contingence, dans l'esprit humain le pouvoir de choisir le meilleur parti, selon le probable sans doute, mais enfin par entendement. La seconde ne se soucie plus de modifier un univers qu'elle juge nécessaire : quoi qu'il arrive, notre âme a « toujours de quoi se contenter en son intérieur » (Art. 148).

Mais, ce qui inspire le traité, c'est avant tout le sentiment aigu qu'a Descartes de la supériorité, sur tous les biens que désirent ambitieux ou orgueilleux, de l'être même de l'homme, et de ce qui constitue la racine et le fondement de cet être : la liberté. « Une des principales parties de la sagesse est de savoir en quelle façon et pour quelle cause chacun se doit estimer ou mépriser. » Or, « je ne remarque en nous qu'une seule chose qui nous puisse donner juste raison de nous estimer, à savoir l'usage de notre libre arbitre, et l'empire que nous avons sur nos volontés » (Art. 152). « Ainsi je crois que la vraie générosité, qui fait qu'un homme s'estime au plus haut point qu'il se peut légitimement estimer, consiste seulement partie en ce qu'il connaît qu'il n'y a rien qui véritablement lui appartienne que cette libre disposition de ses volontés, ni pourquoi il doive être loué ou blâmé sinon pour ce qu'il en use bien ou mal, et partie en ce qu'il sent en soi-même une ferme et constante résolution d'en bien user, c'est-à-dire de ne manquer jamais de volonté pour entreprendre et exécuter toutes les choses qu'il jugera être les meilleures : ce qui est suivre parfaitement la vertu » (Art. 153). Le vrai généreux ne méprise personne. Il ne se met jamais, ni beaucoup au-dessus, ni beaucoup au-dessous d'autrui. Il est maître de lui, ne connaît pas l'envie, n'éprouve ni haine, ni peur, ni colère. Il est humble, car la générosité, loin de s'opposer à l'humilité vraie (qu'il ne faut pas confondre avec la bassesse), se confond avec elle. Toutes deux ne reposent-elles pas sur un jugement éclairé porté sur nous-mêmes ? Notre volonté est infinie et semblable à celle de Dieu ; notre nature est infirme et nos fautes sont nombreuses. Et la philosophie de Descartes nous invite ainsi à porter avant tout notre attention sur la volonté. Dieu est volonté et crée librement les vérités éternelles. L'homme est volonté. Mais en lui la volonté, naissant dans un monde de vérités déjà créées, se doit éclairer aux lumières de l'entendement. Ayant renoncé à atteindre en tous les domaines une totale certitude, Descartes conseille du moins la résolution, qui est la vertu de la décision, et le courage, qui est celle de l'exécution. La science totale des fins, dont il avait d'abord rêvé, laisse la place à une morale où la volonté peut encore prendre, selon le probable, la direction totale de nos pensées et dominer nos passions. Tout regret, tout remords seront de la sorte écartés : l'homme généreux saura ce qu'il peut, et ce qu'il vaut.

En novembre 1646, Descartes écrivait à Élisabeth : « J'ose croire que la joie intérieure a quelque secrète force pour se rendre la fortune plus favorable... J'ai une infinité d'expériences, et avec cela l'autorité de Socrate, pour confirmer mon opinion. Les expériences sont que j'ai souvent remarqué que les choses que j'ai faites avec un cœur gai, et sans aucune répugnance intérieure, ont coutume de me succéder heureusement, jusque-là même que, dans les jeux de hasard, où il n'y a que la fortune seule qui règne, je l'ai toujours éprouvée plus favorable, ayant d'ailleurs des sujets de joie, que lorsque j'en avais de tristesse. Et ce qu'on nomme communément le génie de Socrate n'a sans doute été autre chose, sinon qu'il avait accoutumé de suivre ses inclinations intérieures, et pensait que l'événement de ce qu'il entreprenait serait heureux, lorsqu'il avait quelque secret sentiment de gaieté, et, au contraire, qu'il serait malheureux, lorsqu'il était triste. Il est vrai pourtant que ce serait être superstitieux de croire autant à cela qu'on dit qu'il faisait ; car Platon rapporte de lui que même il demeurait dans le logis, toutes les fois que son génie ne lui conseillait point d'en sortir. Mais, touchant les actions importantes de la vie, lorsqu'elles se rencontrent si douteuses, que la prudence ne peut enseigner ce qu'on doit faire, il me semble qu'on a grande raison de suivre le conseil de son génie, et qu'il est utile d'avoir une forte persuasion que les choses que nous entreprenons sans répugnance, et avec la liberté qui accompagne d'ordinaire la joie, ne manqueront pas de nous bien réussir. »

Trois ans plus tard, cependant, Descartes refuse tout à fait de suivre « son génie ». Lorsque la reine Christine et Chanut le prient, dans les termes les plus pressants, de venir en Suède, il éprouve aussitôt la répugnance la plus vive pour le voyage. « Les mauvais succès de tous les voyages que j'ai faits depuis vingt ans, écrit-il à Chanut le 31 mars 1649, me font craindre qu'il ne me reste plus pour celui-ci que de trouver en chemin des voleurs qui me dépouillent, ou un naufrage qui m'ôte la vie. » Et il ajoute : « Je vous supplie et vous conjure de faire en sorte que, sans lui déplaire (à la reine Christine), je puisse être dispensé de ce voyage. » Et pourtant, il se décide à partir. En octobre 1649, il arrive à Stockholm, et en décembre, composant à la prière de Christine les vers d'un ballet pour la fête donnée en l'honneur de la paix de Westphalie, il enfreint une autre de ses superstitions. Car le 17 février 1645, il écrivait à Huygens que, tenté par la poésie, il s'était toujours refusé à s'y adonner, de peur que cela lui fût de « mauvais augure ». Car, écrit-il, « me souvenant que Socrate ne fit jamais de vers que lorsqu'il fut proche de sa mort, de peur que cela me fût aussi de mauvais augure, et qu'on pût dire en flamand que j'étais veygh[1], je m'en suis abstenu ». Le 15 janvier 1650, il écrit à Brégy : « Je vous jure que le désir que j'ai de retourner en mon désert s'augmente tous les jours de plus en plus, et que je ne sais pas même si je pourrai attendre ici le temps de votre retour. Ce n'est pas que je n'aie toujours un zèle très parfait pour le service de la Reine, et qu'elle ne me témoigne autant de bienveillance que j'en puis raisonnablement souhaiter. Mais je ne suis pas ici en mon élément... » A la fin de janvier 1650, se rendant de fort bonne heure au palais où le mandait Christine, il prend froid. Le 2 février, une pneumonie se déclare. Et Descartes refuse les soins de Weulles, médecin de la Reine, alléguant, nous dit Baillet, « que la saignée abrège nos jours, et qu'il avait vécu quarante ans en santé sans la faire ». Dans les jours suivants, son « cerveau étant toujours occupé de la fièvre », jamais il « ne se laissa vaincre ; et sans vouloir s'imaginer qu'il fût aussi mal que les méde-

1. Terme flamand signifiant faible, léger, et ici, frivole.

cins le jugeaient, il se contenta de dire qu'il fallait attendre que le mal vînt en maturité, pour délibérer sur leurs moyens ». Mais « sur la fin du septième jour », il « ouvrit les yeux sur son état », et il commença « pour la première fois à sentir la fièvre au huitième jour de sa maladie. Il reconnut sur l'heure qu'il s'était trompé ». Et « il témoigna sans détour, continue Baillet, à Monsieur et à Madame Chanut, que la soumission qu'il avait pour les ordres de Dieu lui faisait croire que ce souverain arbitre de la vie et de la mort avait permis que son esprit demeurât si longtemps embarrassé dans les ténèbres, de peur que ses raisonnements ne se trouvassent pas assez conformes à la volonté que le Créateur avait de disposer de sa vie ». Puis, s'étant fait saigner deux fois, mais « persuadé de plus en plus de l'inutilité de toutes sortes de remèdes, il souhaita qu'on fît chercher le P. Viogué, directeur de sa conscience, et pria qu'on ne l'entretînt plus que de la miséricorde de Dieu et du courage avec lequel il devait souffrir la séparation de son âme ». Le 10 février au soir, Descartes tomba en faiblesse. Il mourut le 11 février au matin. Selon Clerselier, ses derniers mots furents : « Çà, mon âme, il faut partir. » Si ce trait est exact, c'est après s'être attardée, une dernière fois, sur la pensée de la séparation du corps et de l'esprit, objet principal des *Méditations*, que s'éteignit sa conscience. Le corps du philosophe qui attribua nos erreurs à l'enfance, et ne se fia qu'à la raison, fut inhumé « au cimetière des enfants morts sans baptême ou avant l'âge de raison ». Ce corps fut mutilé lors de son retour en France, en 1667 : le crâne et plusieurs ossements en furent dérobés. Ce qui reste de Descartes se trouve aujourd'hui en l'église de Saint-Germain-des-Prés, dans une chapelle située à la droite du chœur.

Si nous nous sommes permis, en terminant cette étude, de citer quelques textes peu « rationalistes » de Descartes, ce n'est point, on voudra le croire, pour tenter ici quelque éloge de la superstition. C'est pour donner une faible idée de la diversité d'aspects d'un philosophe auquel rien de ce qui est humain ne fut étranger, et dont le message, depuis 1650, a été plus mutilé que ne le fut son corps à son retour de Suède. Beaucoup se croient cartésiens en refusant de reconnaître la réalité de tout ce qui n'est pas réductible aux idées claires. Mais le 5 février 1649 Descartes rappelait à Morus que notre esprit n'est la mesure ni des choses, ni de la vérité, et qu'il doit seulement demeurer celle de nos affirmations et de nos négations. Car, attentif à ne rien laisser perdre de l'Être et de l'homme, Descartes refusa toujours de les réduire à des objets connaissables, déterminables. Et telle est la source essentielle de la difficulté que l'on trouve à comprendre sa philosophie. On ne comprend aisément que ce qui est déterminé, et l'on n'aborde guère les philosophes qu'en se demandant par quel ensemble de vérités objectives ils prétendent exprimer toute la richesse de l'Être : cet ensemble est ce que l'on nomme leur système. Or, il n'est de système de Descartes qu'en ce qui concerne le monde matériel, il n'est de système que du Descartes savant. Déjà, au XVIIe siècle, l'opinion fut surtout sensible à cette physique systématique. On connaît la discussion des *Femmes savantes* : « Descartes pour l'aimant donne fort dans mon sens... J'aime ses tourbillons... Moi, ses mondes tombants », déclarent Trissotin, Armande et Philaminte. Beaucoup, qui voudraient aujourd'hui nous persuader que Descartes ne fut qu'un savant, sont les héritiers de ce genre de sottise.

Certes, il fut un savant : mathématicien, physicien, biologiste. On peut même dire que jusqu'en 1630 environ il ne fut que savant : les *Règles pour la Direction de l'Esprit* exposent une méthode qui n'est guère que scientifique et technicienne. Pourtant, comme savant, il est semblable à bien des chercheurs de son siècle : on peut préférer à sa mécanique celle de Galilée, à sa géométrie celle de Fermat, à sa théorie de la circulation du sang celle de Harvey. Mais, comme philosophe, Descartes dépasse tous ses contemporains. Et ce n'est pas en étendant à tous les problèmes une méthode unique qu'après 1630 il constitue sa philosophie, mais, au contraire, en établissant que la science, œuvre de l'homme, ne peut comprendre tout l'homme. Il découvre, entre la conscience de l'homme et l'Être, des rapports autres que scientifiques. Il situe cette science même en laquelle d'abord, porté par son premier enthousiasme, il avait placé tous ses espoirs. Ainsi Descartes établit que l'homme, créateur de la science, ne peut être à son tour objet de science, ni expliqué tout à fait par cette nature qu'en un sens il constitue. Il conserve, hors du monde de l'objet, l'irréductible dimension de liberté qui est le propre de la conscience humaine et qui, dépassant toute nature, est, par là même, métaphysique.

Cette évolution, qui à partir de 1630 lui fit de plus en plus négliger les mathématiques pour l'étude de la métaphysique, doit être considérée année par année, si l'on veut saisir comment Descartes parvint à formuler de l'homme, de sa situation en ce monde, de sa liberté, une définition de plus en plus exacte. Dès 1630, il distingue le plan de l'Être créateur et celui des vérités créées, et par là connaissables ; en 1633, la condamnation de Galilée par le Saint-Office lui est occasion de réfléchir aussi bien sur l'erreur des cardinaux, qui donnent au récit biblique une valeur objective, que sur l'illusion de ceux qui oublient que la science est, elle aussi, un langage. En 1637, il juxtapose, en son *Discours de la Méthode*, les diverses attitudes que l'esprit humain peut adopter en face du réel. En 1641, enfin, dans ses *Méditations métaphysiques*, il élève à l'essence l'histoire de son esprit, et tient ensemble, en un équilibre admirable, toutes les vérités qu'il a découvertes, toutes les pensées des savants, des religieux, des néo-stoïciens, des sceptiques : pensées que son temps opposait sans apercevoir que chacune d'entre elles, n'étant qu'une vue de l'homme, ne peut le contenir.

Encore faut-il, pour le suivre ici, préciser que les vérités ne sont pas seulement pour lui distinctes ; elles ne sont pas de même ordre. Par exemple, l'affirmation selon laquelle la vérité du « je pense » et du « je suis » doit précéder toute autre vérité n'exprime pas seulement un enchaînement logique : elle signifie que l'homme vaut mieux que tout ce qu'il peut faire et penser, et que sa conscience ne saurait être sacrifiée à des vérités objectives ou scientifiques, vérités qui ne sont jamais, selon la rigueur, que des hypothèses de cette conscience. On voit que l'homme ici découvert n'est pas le fragment d'un système, le moment d'une histoire, l'objet d'une science : il est, bien plutôt, celui qui entretient avec l'Être un rapport différant en nature de toutes les relations intérieures au monde des objets, celui qui, par sa liberté, brise tout système, celui qui ne peut être réduit à une idée de type scientifique. Il est, au sens propre, la méta-physique.

Descartes n'est donc pas seulement le philosophe des idées claires, ou de la méthode, le penseur en lequel tant de rationalistes étroits ou de bourgeois prudents aiment à se retrouver. S'il professe que l'objet ne peut se connaître que par raison, il sait que la raison est faculté humaine, et, de ce fait, incapable de réduire à ses concepts la substance des choses. Et ce n'est pas en organisant les choses, mais en méditant sur la liberté que Descartes croit pouvoir retrouver une sagesse, en un temps où la science nouvelle, l'attitude technique, la cosmologie de Copernic avaient brisé le Monde médiéval. Avant Pascal, mieux que Pascal, il établit que l'homme, spatialement contenu dans le Monde, contient le Monde en son esprit. Il met en place, et aussi en sa tragique lumière, la situation de l'homme moderne, maître de l'objet et soumis à l'Être. C'est donc avant tout comme métaphysicien que Descartes peut encore nous donner des leçons : son actualité, c'est l'éternité de la situation de l'homme dont ceux qui nous voudraient persuader qu'il peut être expliqué par la science et par l'histoire oublient toujours qu'il est aussi l'être qui juge l'histoire et construit la science selon sa liberté.

Note sur le cartésianisme au XVIIᵉ siècle

On affirme souvent que l'esprit de Descartes fut celui même de son siècle, on se plaît à découvrir des analogies entre les thèmes cartésiens et ceux que les écrivains classiques ont développés, on estime que Descartes a exercé une influence décisive, non seulement sur la science et la philosophie de son temps, mais encore sur sa littérature : celle-ci, après 1660, ne se propose-t-elle pas, comme but suprême, la recherche et l'expression de la vérité ? N'a-t-elle pas le culte de la raison ?

De fait, malgré l'hostilité de l'École, de nombreux savants (ainsi Fermat et Roberval), de la plupart des jésuites, du Parlement de Paris lui-même, les idées de Descartes se sont largement répandues, et l'on ne peut retracer l'histoire de la pensée française, et même européenne, à partir de 1650, sans leur accorder la plus large place. De Raey et Heereboord les enseignent à Leyde, Pollot à Bréda, Ruellius et Andalla à Franeker. Aux Pays-Bas Geulinex, Clauberg en Allemagne, G. de Cordemoy et L. de la Forge en France se montrent ardents cartésiens, et, sur bien des points, Christian Huygens défend aussi les conceptions de Descartes. Celles-ci sont reprises par Port-Royal, dont elles inspirent la *Logique*. Parmi les littérateurs, La Fontaine déclare que, chez les païens, on eût, de Descartes, « fait un dieu », et Boileau empêche, par son *Arrêt burlesque*, la condamnation du cartésianisme par le Parlement de Paris. Enfin, les philosophies de Spinoza, de Leibniz, de Malebranche témoignent de l'importance de la révolution cartésienne : elles se construisent en méditant sur des problèmes posés par Descartes, et selon des structures issues de sa pensée.

Nous ne saurions, en cette note, esquisser ou même aborder l'étude du cartésianisme au XVIIᵉ siècle. Nous voudrions seulement signaler que cette étude, dont on aperçoit l'importance et la difficulté, diffère fondamentalement de celle que nous avons ici entreprise. Dans les pages précédentes, nous avons essayé de retrouver ce que fut véritablement Descartes. Il nous est apparu comme un homme solitaire, se plaignant sans cesse de n'être pas compris, demandant au lecteur désireux de le suivre des semaines et des mois de méditations, et comme une conversion de tout son être. Et, certes, la valeur de la pensée cartésienne est universelle. Mais son universalité est philosophique : le disciple doit adhérer tout entier à une vérité qui ne saurait se séparer de la réaction totale d'une conscience devant le monde objectif que la science constitue. Ce qu'on nomme, au contraire, « cartésianisme » est fait d'idées qui, détachées du mouvement de pensée qui leur donna d'abord un sens, retrouvent une sorte d'universalité abstraite et impersonnelle, semblable à celle des vérités scientifiques. Méthode critique, rejet de l'autorité, conception du corps comme machine, théorie des tourbillons deviennent alors des thèmes séparés que l'on admet, rejette ou discute en oubliant leur lien avec ce que fut la prise de conscience de Descartes. C'est ainsi que la méthode des *Regulae* alimente aussi bien la *Logique de Port-Royal* que les arguments des libertins. Si donc il est vrai que le cartésianisme tient la plus grande place dans la pensée du XVIIᵉ siècle, où il fait l'objet d'incessantes controverses, il convient de remarquer que Descartes n'aurait sans doute reconnu son authentique philosophie chez aucun de ses successeurs : sa rupture, en 1647, avec son disciple Regius permet de supposer ce qu'il aurait pensé des doctrines de la plupart de ceux qui, après lui, se dirent cartésiens.

Il importe donc, en étudiant le cartésianisme, de le distinguer de ce que fut la philosophie de Descartes. En fait, il n'y a pas d'« idées » philosophiques. Il y a une conscience philosophique, et des idées, de type scientifique, qui, nées de cette conscience, changent de sens dès qu'elles s'en détachent pour entrer en des contextes nouveaux. De même qu'on ne saurait découvrir que des ressemblances fort imprécises entre la conception cartésienne et la conception cornélienne de la générosité, de même l'amour de la raison qui anime Boileau ne peut être rapproché du rationalisme cartésien qu'au sein d'une inquiétante confusion. Certes, l'authentique inspiration de Descartes revivra. On la retrouvera, par exemple, dans l'effort de Kant pour distinguer l'Être et l'objet par la mise en lumière du rôle du sujet dans la connaissance. Mais on ne pourra parler alors d'influence cartésienne : c'est par une libre conversion que la conscience philosophique peut redécouvrir l'éternelle vérité de la métaphysique. Descartes fut philosophe. Ses semblables sont les philosophes. Le cartésianisme est un ensemble d'idées objectives : il a, comme tel, un destin propre ; il n'est pas une conscience, mais une prétention à la science. Son étude appartient à l'histoire des sciences, des lettres et des arts. Mais l'étude de la pensée de Descartes appartient à l'histoire de la philosophie : ici, la vérité à découvrir est celle d'une conscience vivante. Si l'histoire est nécessaire pour préciser ce que fut, dans le temps, cette conscience, la philosophie ne l'est pas moins pour révéler son sens. Il ne se découvre qu'au niveau d'une démarche qu'il faut se garder de confondre avec les idées qu'elle a engendrées. Car ces idées vont s'inscrire dans l'univers de l'objectivité. On peut dès lors, pour rappeler leur origine, continuer à les nommer cartésiennes. En réalité, elles n'appartiennent plus à personne.

Bibliographie

FERDINAND ALQUIÉ, *La découverte métaphysique de l'homme chez Descartes,* P.U.F., 1950 (rééd. 1987). Édition des *Œuvres philosophiques* de Descartes en 3 volumes, Paris, Garnier.

JEAN-MARIE BEYSSADE, *La philosophie première de Descartes,* Flammarion, 1979.

HENRI GOUHIER, *Les premières pensées de Descartes,* Vrin, 1958.

La pensée métaphysique de Descartes, Vrin, 1962. *Cartésianisme et Augustinisme au XVIIIe siècle*, Paris, Vrin.

NICOLAS GRIMALDI, *L'expérience de la pensée dans la philosophie de Descartes,* Vrin, 1978.

MARTIAL GUÉROULT, *Descartes selon l'ordre des raisons* (2 volumes), Aubier-Montaigne, 1953.

JEAN-LUC MARION, *Sur la théologie blanche de Descartes,* P.U.F., 1981.

GENEVIÈVE RODIS-LEWIS, *L'œuvre de Descartes* (2 volumes), Vrin, 1971.

La morale de Descartes, P.U.F., 1970.

Descartes et le rationalisme, P.U.F., 1985 (Que sais-je ? n° 1150).

Ateliers SEPC à Saint-Amand (Cher), France.
Dépôt légal : janvier 1988. N° d'édit. : 8005. N° d'imp. : 055.